CLASSIQUES JAUNES
726
Série *Littératures francophones*

Le Dépit amoureux,
Les Précieuses ridicules

Molière

Le Dépit amoureux, Les Précieuses ridicules

Édition critique par Charles Mazouer

PARIS
CLASSIQUES GARNIER
2022

Charles Mazouer, professeur émérite à l'université de Bordeaux Montaigne, est spécialiste de l'ancien théâtre français. Outre l'édition de textes de théâtre des XVIe et XVIIe siècles, il a notamment publié *Molière et ses comédies-ballets*, les trois tomes du *Théâtre français de l'âge classique*, ainsi que *Théâtre et christianisme. Études sur l'ancien théâtre français*.

Illustration de couverture : costume de Madelon dans la pièce Les Précieuses ridicules de Molière. Illustrée par Maurice Sand (1823-1889). 1868. Paris, comédie française. Crédit : meisterdrucke.de

ISBN 978-2-406-12435-1
ISSN 2417-6400

ABRÉVIATIONS USUELLES

Acad.	*Dictionnaire de l'Académie (1694)*
C.A.I.E.F.	*Cahiers de l'Association Internationale des Études Françaises*
FUR.	*Dictionnaire universel* de Furetière (1690)
I. L.	*L'Information littéraire*
P.F.S.C.L.	*Papers on French Seventeenth-Century Literature*
R.H.L.F.	*Revue d'Histoire Littéraire de la France*
R.H.T.	*Revue d'Histoire du Théâtre*
RIC.	*Dictionnaire français* de Richelet (1680)
S.T.F.M.	Société des Textes Français Modernes
T.L.F.	Textes Littéraires Français

AVERTISSEMENT

L'ÉTABLISSEMENT DES TEXTES

Il ne reste aucun manuscrit de Molière.

Si l'on s'en tient au XVII[1] siècle[1], comme il convient – Molière est mort en 1673 et la seule édition posthume qui puisse présenter un intérêt particulier est celle des *Œuvres* de 1682 –, il faut distinguer cette édition posthume des éditions originales séparées ou collectives des comédies de Molière.

Sauf cas très spéciaux, comme celui du *Dom Juan* et du *Malade imaginaire*, Molière a pris généralement des privilèges pour l'impression de ses comédies et s'est évidemment soucié de son texte, d'autant plus qu'il fut en butte aux mauvais procédés de pirates de l'édition qui tentèrent de faire paraître le texte des comédies avant lui et sans son aveu. C'est donc le texte de ces éditions originales qui fait autorité, Molière ne s'étant soucié ensuite ni des réimpressions des

---

1   Le manuel de base : Albert-Jean Guibert, *Bibliographie des œuvres de Molière publiées au XVIIe siècle*, 2 vols. en 1961 et deux *Suppléments* en 1965 et 1973 ; le CNRS a réimprimé le tout en 1977. Mais les travaux continuent sur les éditions, comme ceux d'Alain Riffaud, qui seront cités en leur lieu. Voir, parfaitement à jour, la notice du t. I de l'édition dirigée par Georges Forestier avec Claude Bourqui des *Œuvres complètes de Molière*, 2010, p. cxi-cxxv, qui entre dans les détails voulus.

pièces séparées, ni des recueils factices constitués de pièces
déjà imprimées. Ayant refusé d'endosser la paternité des
Œuvres de M. Molière parues en deux volumes en 1666, dont
il estime que les libraires avaient obtenu le privilège par
surprise, Molière avait l'intention, ou aurait eu l'intention
de publier une édition complète revue et corrigée de son
théâtre, pour laquelle il prit un privilège ; mais il ne réalisa
pas ce travail et l'édition parue en 1674 (en six volumes ;
un septième en 1675), qu'il n'a pu revoir et qui reprend des
états anciens, n'a pas davantage de valeur.

En revanche, l'édition collective de 1682 présente davantage d'intérêt – même si, pas plus que l'édition de 1674,
elle ne représente un travail et une volonté de Molière lui-
même sur son texte[2]. On sait, indirectement, qu'elle a été
préparée par le fidèle comédien de sa troupe La Grange,
et un ami de Molière, Jean Vivot. Si, pour les pièces déjà
publiées par Molière, le texte de 1682 ne montre guère de
différences, cette édition nous fait déjà connaître le texte des
sept pièces que Molière n'avait pas publiées de son vivant
(*Dom Garcie de Navarre*, *L'Impromptu de Versailles*, *Dom Juan*,
Mélicerte, *Les Amants magnifiques*, *La Comtesse d'Escarbagnas*,
Le Malade imaginaire). Ces pièces, sauf exception, seraient
autrement perdues. En outre, les huit volumes de cette
édition entourent de guillemets les vers ou passages omis,
nous dit-on, à la représentation, et proposent un certain
nombre de didascalies censées représenter la tradition de
jeu de la troupe de Molière. Quand on compare les deux
états du texte, pour les pièces déjà publiées du vivant de
Molière, on s'aperçoit que 1682 corrige (comme le prétend

---

2   Voir Edric Caldicott, « Les stemmas et le privilège de l'édition des
     Œuvres complètes de Molière (1682) », [in] *Le Parnasse au théâtre…*, 2007,
     p. 277-295, qui montre que Molière n'a jamais entrepris ni contrôlé une
     édition complète de son œuvre, ni pour 1674 ni pour 1682.

la Préface)... ou ajoute des fautes et propose des variantes (ponctuation, graphie, style, texte) passablement discutables. Bref, cette édition de 1682, malgré un certain intérêt, n'autorise pas un texte sur lequel on doute fort que Molière ait pu intervenir avant sa mort.

Voici la description de cette édition :

—   Pour les tomes I à VI : LES / ŒUVRES / DE / MONSIEUR / DE MOLIERE. Reveuës, corrigées & augmentées. / *Enrichies de Figures en Taille-douce.* / A PARIS, / Chez DENYS THIERRY, ruë saint Jacques, à / l'enseigne de la Ville de Paris. / CLAUDE BARBIN, au Palais, sur le second / Perron de la sainte Chapelle. / ET / Chez PIERRE TRABOUILLET, au Palais, dans la / Gallerie des Prisonniers, à l'image S. Hubert ; & à la / Fortune, proche le Greffe des Eaux & Forests. / M. DC. LXXXII. / *AVEC PRIVILEGE DV ROY.*

—   Pour les tomes VII et VIII, seul le titre diffère : LES / ŒUVRES / POSTHUMES / DE / MONSIEUR / DE MOLIERE. / Imprimées pour la première fois en 1682.

Je signale pour finir l'édition en 6 volumes des *Œuvres de Molière* (Paris, Pierre Prault pour la Compagnie des Libraires, 1734), qui se permet de distribuer les scènes autrement et même de modifier le texte, mais propose des jeux de scène plus précis dans ses didascalies ajoutées.

La conclusion s'impose et s'est imposée à toute la communauté des éditeurs de Molière. Quand Molière a pu éditer ses œuvres, il faut suivre le texte des éditions originales. Mais force est de suivre le texte de 1682 quand il est en fait le seul à nous faire connaître le texte des œuvres non éditées par Molière de son vivant. *Dom Juan* et *Le Malade imaginaire* posent des problèmes particuliers qui seront examinés en temps voulu.

Au texte des éditions originales, ou pourra adjoindre quelques didascalies ou quelques indications intéressantes de 1682, voire, exceptionnellement, de 1734, à titre de variantes – en n'oubliant jamais que l'auteur n'en est certainement pas Molière.

Selon les principes de la collection, la graphie sera modernisée. En particulier en ce qui concerne l'usage ancien de la majuscule pour les noms communs. La fréquentation assidue des éditions du XVIIᵉ siècle montre vite que l'emploi de la majuscule ne répond à aucune rationalité, dans un même texte, ni à aucune intention de l'auteur. La fantaisie des ateliers typographiques, que les écrivains ne contrôlaient guère, ne peut faire loi.

La ponctuation des textes anciens, en particulier des textes de théâtre, est toujours l'objet de querelles et de polémiques. Personne ne peut contester ce fait : la ponctuation ancienne, avec sa codification particulière qui n'est plus tout à fait la nôtre, guidait le souffle et le rythme d'une lecture orale, alors que notre ponctuation moderne organise et découpe dans le discours écrit des ensembles logiques et syntaxiques. On imagine aussitôt l'intérêt de respecter la ponctuation ancienne pour les textes de théâtre – comme si, en suivant la ponctuation d'une édition originale de Molière[3], on pouvait en quelque sorte restituer la diction qu'il désirait pour son théâtre !

---

3   À cet égard, Michael Hawcroft (« La ponctuation de Molière : mise au point », *Le Nouveau Moliériste*, nᵒ IV-V, 1998-1999, p. 345-374) tient pour les originales, alors que Gabriel Conesa (« Remarques sur la ponctuation de l'édition de 1682 », *Le Nouveau Moliériste*, nᵒ III, 1996-1997, p. 73-86) signale l'intérêt de 1682.

Il suffirait donc de transcrire la ponctuation originale. Las! D'abord, certains signes de ponctuation, identiques dans leur forme, ont changé de signification depuis le XVIIᵉ siècle : trouble fâcheux pour le lecteur contemporain. Surtout, comme l'a amplement démontré, avec science et sagesse, Alain Riffaud[4], là non plus on ne trouve pas de cohérence entre les pratiques des différents ateliers, que les dramaturges ne contrôlaient pas – si tant est que, dans leurs manuscrits, ils se soient souciés d'une ponctuation précise! La ponctuation divergente de différents états d'une même œuvre de théâtre le prouve. On me pardonnera donc de ne pas partager le fétichisme à la mode pour la ponctuation originale.

J'aboutis donc au compromis suivant : respect autant que possible de la ponctuation originale, qui sera toutefois modernisée quand les signes ont changé de sens ou quand cette ponctuation rend difficilement compréhensible tel ou tel passage.

PRÉSENTATION
ET ANNOTATION DES COMÉDIES

Comme l'écrivait très justement Georges Couton dans l'Avant-propos de son édition de Molière[5], tout commentaire d'une œuvre est toujours un peu un travail collectif, qui tient compte déjà des éditions antécédentes – et les éditions de Molière, souvent excellentes, ne manquent pas, à commencer par celle de Despois-Mesnard[6], fondamentale et

---

4   *La Ponctuation du théâtre imprimé au* XVIIᵉ *siècle*, Genève, Droz, 2007.
5   *Œuvres complètes*, t. I, 1971, p. xi-xii.
6   *Œuvres complètes* de Molière, pour les «Grands écrivains de la France», 13 volumes de 1873 à 1900.

remarquable, et dont on continue de se servir... sans toujours le dire. À partir d'elles, on complète, on rectifie, on abandonne dans son annotation, car on reste toujours tributaire des précédentes annotations. On doit tenir compte aussi de son lectorat. Une longue carrière dans l'enseignement supérieur m'a appris que mes lecteurs habituels – nos étudiants (et nos jeunes chercheurs) sont de bons représentants de ce public d'honnêtes gens qui auront le désir de lire les classiques – ont besoin de davantage d'explications et d'éléments sur les textes anciens, qui ne sont plus maîtrisés dans l'enseignement secondaire. Le texte de Molière sera donc copieusement annoté.

Mille fois plus que l'annotation, la présentation de chaque pièce engage une interprétation des textes. Je n'y propose pas une herméneutique complète et définitive, et je n'ai pas de thèse à imposer à des textes si riches et si polyphoniques, dont, dans sa seule vie, un chercheur reprend inlassablement (et avec autant de bonheur!) le déchiffrement. Les indications et suggestions proposées au lecteur sont le fruit d'une méditation personnelle, mais toujours nourrie des recherches d'autrui qui, approuvées ou discutées, sont évidemment mentionnées.

En sus de l'apparat critique, le lecteur trouvera, en annexes ou en appendice, divers documents ou instruments (comme une chronologie) qui lui permettront de mieux contextualiser et de mieux comprendre les comédies de Molière.

Mais, malgré tous les efforts de l'éditeur scientifique, chaque lecteur de goût sera renvoyé à son déchiffrement, à sa rencontre personnelle avec le texte de Molière!

Nota bene :

1/ Les grandes éditions complètes modernes de Molière, que tout éditeur est amené à consulter, sont les suivantes :

MOLIÈRE (Jean-Baptiste Poquelin, dit), *Œuvres*, éd. Eugène Despois et Paul Mesnard, Paris, Hachette et Cie, 13 volumes de 1873 à 1900 (Les Grands Écrivains de la France).

MOLIÈRE (Jean-Baptiste Poquelin, dit), *Œuvres complètes*, éd. Georges Couton, Paris, Gallimard, 1971, 2 vol. (La Pléiade).

MOLIÈRE (Jean-Baptiste Poquelin, dit), *Œuvres complètes*, édition dirigée par Georges Forestier avec Claude Bourqui, Paris, Gallimard, 2010, 2 vol. (La Pléiade).

2/ Signalons quelques études générales, classiques ou récentes, utiles pour la connaissance de Molière et pour la compréhension de son théâtre – étant entendu que chaque comédie sera dotée de sa bibliographie particulière :

BRAY, René, *Molière homme de théâtre*, Paris, Mercure de France, 1954.

CONESA, Gabriel, *Le Dialogue moliéresque. Étude stylistique et dramaturgique*, Paris, PUF, s.d. [1983] ; rééd. Paris, SEDES, 1992.

DANDREY, Patrick, *Molière ou l'esthétique du ridicule*, Paris, Klincksieck, 1992 ; seconde édition revue, corrigée et augmentée, en 2002.

DEFAUX, Gérard, *Molière ou les métamorphoses du comique : de la comédie morale au triomphe de la folie*, 2e éd., Paris, Klincksieck, 1992 (Bibliothèque d'Histoire du Théâtre) (1980).

DUCHÊNE, Roger, *Molière*, Paris, Fayard, 1998.

FORESTIER, Georges, *Molière*, Paris, Gallimard, 2018.

GUARDIA, Jean de, *Poétique de Molière. Comédie et répétition*, Genève, Droz, 2007 (Histoire des idées et critique littéraire, 431).

JURGENS, Madeleine et MAXFIELD-MILLER, Élisabeth, *Cent ans de recherches sur Molière, sur sa famille et sur les comédiens de sa troupe*, Paris, Imprimerie nationale, 1963. – Complément pour les années 1963-1973 dans *R.H.T.*, 1972-4, p. 331-440.

MCKENNA, Anthony, *Molière, dramaturge libertin*, Paris, Champion, 2005 (Essais).

MONGRÉDIEN, Georges, *Recueil des textes et des documents du XVIIᵉ siècle relatifs à Molière*, Paris, CNRS, 1965, 2 volumes.

PINEAU, Joseph, *Le Théâtre de Molière. Une dynamique de la liberté*, Paris-Caen, Les Lettres Modernes-Minard, 2000 (Situation, 54).

3/ Sites en ligne :

Tout Molière.net donne déjà une édition complète de Molière.

Molière 21, conçu comme complément à l'édition 2010 des *Œuvres complètes* dans la Pléiade, donne une base de données intertextuelles considérable et offre un outil de visualisation des variantes textuelles.

CHRONOLOGIE

(de 1656 au 29 janvier 1660)

1656   24 février. Molière signe une quittance de 6 000 livres, à Pézenas, pour les prestations de la troupe.

26 février. Les consuls de Narbonne accordent une salle pour quinze jours aux comédiens « de S.A. de Conti, sortant de Pézenas de jouer pendant la tenue des états et s'en allant à Bordeaux pour attendre son Altesse, où elle doit aller à son retour de Paris ». En fait, la troupe resta plusieurs mois à Narbonne.

3 mai. Molière et Madeleine Béjart essaient de récupérer une gratification accordée par Conti.

Mai. Conversion de Conti, qui renonce au divertissement du théâtre.

15 août. Molière, qui se désigne encore comme « comédien de Monsieur le Prince de Conty », est parrain à Bordeaux (en la paroisse Saint-Christoly, qui dépendait de la cathédrale Saint-André).

9 décembre. Les consuls d'Agen autorisent les comédiens du prince de Conti à représenter dans « la grande salle haute ».

16 décembre. à Béziers, lors des états de Languedoc, la troupe crée la deuxième comédie de Molière, *Le Dépit amoureux*.

20 décembre. Désormais hostile au théâtre, Conti fait supprimer la subvention (accordée l'année précédente) aux comédiens de Molière pour leurs prestations lors des états de Languedoc.

À partir de 1656, Fouquet fait ériger son château de Vaux.

1657   Février. La troupe est sans doute à Lyon.

Mai-juin. Séjour à Lyon. Une lettre du 15 mai écrite par Conti, précise à son correspondant qu'il y a à Lyon des comédiens « qui portaient mon nom autrefois. Je leur ai fait dire de le quitter ».

Juin. La troupe est à Dijon jusqu'à l'automne, en contestation avec le Conseil de ville à propos du paiement du droit des pauvres.

Octobre-novembre. La troupe est en Avignon. Pierre Mignard y peint les portraits de Molière.

24 décembre. Molière est parrain à Lyon, où la troupe restera jusqu'en février 1658.

1658   Février-mars. La troupe est à Grenoble pour le carnaval.

19 mai. La troupe est à Rouen. Elle joue au jeu de paume des Braques jusqu'à l'été.

12 juillet. Madeleine Béjart, depuis Rouen, se fait rétrocéder le bail du jeu de paume du Marais, à Paris – sans suite.

Octobre. La troupe arrive à Paris et se fait patronner par Monsieur, frère unique du roi (Philippe d'Orléans), qui promet 300 livres de pension par comédien – et qui ne paiera pas.

24 octobre. Devant le roi et la cour, au Vieux Louvre, la troupe donne *Nicomède* de Pierre Corneille, puis une petite farce perdue, *Le Docteur amoureux*. Le roi accorde la salle du Petit-Bourbon à la troupe, qui y représentera en alternance avec la troupe italienne.

2 novembre. La troupe commence à représenter, avec grand succès s'agissant des comédies de Molière, *L'Étourdi* et *Le Dépit amoureux*. La troupe est composée de dix acteurs : outre Molière, deux frères et deux sœurs Béjart, les De Brie et les Du Parc, Charles Dufresne.

1659   Mars-avril. Lors de la relâche de Pâques, Charles Dufresne prend sa retraite, les Du Parc passent au Marais, le farceur Jodelet et son frère entrent dans la troupe, ainsi que La Grange (qui va commencer à tenir son Registre) et Du Croisy. La troupe va enchaîner les « visites » et les représentations au Petit-Bourbon.

26 mai. Mort de Joseph Béjart.

Juillet. La troupe italienne retourne en Italie.

4 octobre. Les Du Parc reviennent dans la troupe.

7 novembre. Traité des Pyrénées, qui marque la fin de la guerre avec l'Espagne.

18 novembre. Création des *Précieuses ridicules* au Petit-Bourbon, avec *Cinna* de Pierre Corneille.

1660   29 janvier. Achevé d'imprimer des *Précieuses ridicules*.

LE DÉPIT AMOUREUX

INTRODUCTION

Cette nouvelle comédie a certainement été donnée par la troupe provinciale de Molière pour la première fois à Béziers, en décembre 1656, lors des états de Languedoc qui y siégeaient. Depuis la fin de 1655, la troupe circulait dans le Sud-ouest – Pézenas, Montpellier, Narbonne, Bordeaux, Agen, Béziers –, avant de repartir pour Lyon, au début de 1657. La distribution lors de la création reste quelque peu conjecturale ; on a tout lieu de penser que Molière jouait Mascarille, Du Parc Gros-René (c'était son nom de farce) et Louis Béjart Valère.

Repris évidemment à Paris, probablement dès décembre 1658, *Le Dépit amoureux*, qui connut des périodes fastes auprès du public du XVIIᵉ siècle, n'eut pas au total le succès de *L'Étourdi*, la première grande comédie de Molière. Pour une deuxième comédie en cinq actes et en vers, ce *Dépit amoureux* regarde à nouveau du côté de l'Italie, mais laisse apparaître un Molière plus nouveau.

UNE COMÉDIE DES ERREURS

Molière s'inspira essentiellement du dramaturge italien Nicolò Secchi, dont *L'Interesse* – c'est-à-dire *La Cupidité* – de 1585 montrait les multiples méprises provoquées par une fille déguisée en garçon. Le dramaturge français modifia singulièrement la donnée italienne.

Il en garda cependant l'aspect tout à fait romanesque[1] avec la cascade des méprises provoquées par le déguisement. En cela, *Le Dépit amoureux* fait aussi penser à ces comédies françaises d'une dizaine d'années antérieures, comme celles d'un d'Ouville, qui fondaient leur intrigue sur des jeux d'illusions.

Le Dépit amoureux peut gêner d'abord par sa complication.

Au centre de cette comédie des erreurs, un personnage du nom d'Ascagne, qui passe pour garçon mais qui est une fille. Le véritable Ascagne, fils d'Albert et frère de Lucile, devait hériter des biens importants de son oncle ; à sa mort, Albert lui substitua le fils d'une bouquetière. Mais celui-ci mourant à son tour, cette fois pendant son absence et à l'insu d'Albert, la femme de ce dernier substitua Dorothée, sa propre fille (et donc celle d'Albert !) à l'enfant mort, en la travestissant en garçon et en faisant croire à Albert que l'enfant mort était sa fille. Ascagne-Dorothée, désormais devenue jeune fille, va être prise à son déguisement d'identité. Car Albert veut maintenant marier ce « garçon » ; et surtout, le (la) faux (fausse) Ascagne s'est épris(e) de Valère, celui-là même sur qui auraient dû passer les biens destinés au véritable Ascagne à la mort de ce dernier, le reçoit de nuit sous le nom de Lucile et l'épouse secrètement sous ce même nom. C'est en effet possible : Valère aime Lucile. Et il se trouve être le rival d'Éraste, aimé en retour, lui, par Lucile. Persuadé d'avoir épousé secrètement Lucile, Valère le fait comprendre à Éraste, qui y voit une trahison de son aimée. Et voici le couple Éraste-Lucile désaccordé et enfilant le grand chemin du dépit.

---

1   Voir Hugh Gaston Hall, *Comedy in context : Essays on Molière*, 1984, chapitre 1.

Il n'y a pas lieu d'entrer trop avant dans le détail des illusions et quiproquos accumulés dès lors. Tous les personnages – sauf Ascagne bien entendu, encore que la jeune fille ignore une bonne partie de ses origines – sont pris aux apparences, agissant ou s'agitant passablement en vain. Sans compter les surprises dues à quelque revirement ou à quelque maladresse : quand Lucile décide de rompre avec son amant Éraste et de se tourner vers Valère, cela renverse les vœux d'Ascagne (II, 3) ; quand le maladroit valet Mascarille lâche sottement à Éraste le secret que son maître Valère avait épousé Lucile (I, 4) et veut réparer cette sottise en en commettant une autre (il va donner la même information, toujours erronée – ce que ni lui, ni son maître ne peuvent savoir, puisque Ascagne les a trompés – au père de Valère, Polydore), il provoque de beaux dégâts : Éraste se pense effectivement trahi par Lucile et Polydore doit aller s'excuser auprès d'Albert, le père de Lucile, pour l'inconduite de son fils. Et, encore une fois, tout cela repose sur une erreur : jamais Lucile n'a épousé Valère !

Bref, le déguisement d'Ascagne et son mariage secret sous un autre nom multiplient les confusions réjouissantes : le spectateur voit chacun se débattre dans ce filet tissé d'illusions, y compris d'ailleurs Ascagne elle-même. Équivoques et quiproquos émaillent cette trame complexe. Équivoques ? Voyez II, 2, entre Valère et Ascagne. Valère croit à l'existence du garçon Ascagne, qu'il est le frère de Lucile, qu'il est son ami et qu'il peut l'aider dans ses amours ; et il ignore qu'il a épousé secrètement non Lucile, mais Ascagne sous le nom de Lucile ! De son côté, Ascagne cherche à lui faire comprendre qu'elle est fille et amoureuse de lui – « si j'étais fille », j'aimerais Valère et voudrais l'épouser, avance-t-elle (vers 480 et suivants) –, sans pouvoir évidemment y parvenir ; reste l'embarras et l'ambiguïté plaisants. D'ailleurs, encore en V, 6 et 7, parce qu'il ignore la vérité que détiennent ses interlocuteurs, Valère sera pris dans un dialogue à double entente. Quiproquo ? Voyez III, 4, entre les deux pères qui vont à reculons à l'entretien : Polydore, parce qu'il doit s'excuser auprès d'Albert pour l'inconduite supposée de son fils Valère avec Lucile ; Albert, parce que, travaillé par la mauvaise conscience, il craint que Polydore lui reproche sa cupidité et sa malhonnêteté (Albert, même s'il ignore encore que le prétendu Ascagne est en fait sa propre fille, sait qu'Ascagne est un enfant supposé, et de son fait, car il voulait capter l'héritage qui aurait dû revenir, à la mort du véritable Ascagne, à Valère).

Au demeurant, plus le critique s'efforce de débrouiller pour son lecteur l'écheveau en le détaillant, plus il a l'impression de le resserrer ! Indéniablement, le fond de cette intrigue est terriblement embarrassé, comme le dit Frosine, la confidente d'Ascagne, en en décrivant la donnée en un style lui-même plutôt embarrassé, dès la première scène de l'acte II ; et il en sera de même dans le récit de V, 4 qui achève de développer les reconnaissances.

Pourtant, à la relecture de la comédie et plus encore à la représentation, la fable paraît davantage aller de soi, et même attacher. Pourquoi ?

C'est que le dramaturge maîtrise habilement la disposition de cette intrigue complexe. D'un côté sont exploités les énigmes, les effets des tromperies, des initiatives diverses qui provoquent illusions et surprises, la vérité entière échappant presque à tous les personnages – Albert ne sait que la première substitution (pour lui Ascagne est bien un garçon) ; Albert et même Ascagne ignorent qu'Ascagne-Dorothée est bien la fille d'Albert. Comme si, en ménageant des gradations et des progressions, une habile dramaturgie permettait à Molière, d'abord d'épaissir et de compliquer l'intrigue, puis d'entreprendre la clarification, partielle dans certains récits placés assez tôt ; jusqu'au dénouement, où la vérité s'établit en plein jour, refoulant le mystère, les illusions, ambiguïtés et équivoques, et permettant les deux mariages attendus – Éraste avec Lucile réconciliée ; Valère, cette fois officiellement, publiquement et consciemment avec Ascagne-Dorothée (le premier mariage ayant été réalisé secrètement et à l'insu de Valère), l'ambiguïté sexuelle étant levée –, non sans une petite mystification de retardement jouée encore à Valère. Et, grâce à la reconnaissance, cesse la tentative de détournement d'héritage, lequel reviendra à qui de droit, au profit d'une situation régulière, honnête, heureuse et stable.

UN DÉPIT AMOUREUX

Sur ce socle d'une comédie d'intrigue bien agencée s'établit une comédie sentimentale du dépit, qui s'articule parfaitement avec l'*imbroglio* et qui, aux yeux de Molière, constituait le sujet de la pièce puisqu'il lui donna le nom de *Dépit amoureux*. Et c'est ce qui reste le plus attachant dans cette œuvre.

À partir d'une illusion initiale – Valère se croit à tort secrètement marié à Lucile et pense donc l'avoir emporté sur son rival Éraste –, se déclenche le processus de la jalousie et du dépit : Éraste se croit trahi par Lucile. Du coup l'univers amoureux de ces deux amants va être mis à l'épreuve et au péril.

Les jeunes gens s'y livrent aussi à partir d'une autre illusion, double, sur le réel : ils se trompent sur eux-mêmes et sur leur partenaire. Ils vont jouer la rupture alors qu'ils s'aiment et n'aspirent qu'à se marier. Les processus sentimentaux sont finement observés. Éraste ne semble pas assez sûr de l'amour de Lucile et la soupçonne sans réfléchir (I, 1); puis, flottant au gré des apparences (I, 2; I, 3 et 4), il se persuade qu'il n'est point aimé. Lui-même, quand il pourra, sachant qu'il n'y a pas lieu d'être jaloux, prendre du recul par rapport à son premier mouvement, à son emportement immédiat et irréfléchi, reconnaîtra qu'il a trop fait fond sur la *vraisemblance*[2], même si cet emportement partait d'un cœur bien épris. Quant à Lucile, également trompée par ce qu'elle croit être vrai, elle pense pouvoir haïr celui qu'elle aime (II, 4) et rompre avec lui (IV, 3). Cette scène de l'acte IV est la plus finement écrire, où chacun affiche dans ses propos le contraire de ce que lui dit son cœur, avant la réconciliation inévitable. Lucile met beaucoup de temps à accepter le retour de son Éraste, pourtant venu pleinement à résipiscence; chez elle, l'acceptation difficile de l'amour-propre se fait d'une formule indirecte – « Remenez-moi chez nous », demande-t-elle à Éraste – que Marivaux ne dédaignera pas de reprendre à sa manière.

L'amour-propre de celui qui se croit trahi et de celle qui a été faussement accusée serait-il plus fort que l'amour entre eux deux? Molière nous invite à pousser jusque là, tout en soulignant l'aspect artificiel, presque d'une sorte de jeu, de tout dépit. Y contribue grandement l'écriture du dialogue, comme cela a été bien remarqué, qui donne l'impression d'un ballet réglé, avec ses parallélismes et ses pas de fuite : cadeaux respectivement restitués, billets amoureux successivement lus à haute voix et éliminés, le tout encouragé de part et d'autre par les serviteurs qui poussent leurs maîtres

---

2   Voir IV, 2, vers 1199 et suivants.

à la rupture, tout cela donne un rythme plus allègre et plus léger à la scène. Par un équilibre subtil, Molière a su doser la gravité de l'enjeu et l'immaturité de ces jeunes gens qu'il nous rend sympathiques et dont nous sourions avec indulgence.

Le sourire se transforme même en rire quand cette grande scène galante de dépit entre Éraste et Lucile (IV, 3) connaît immédiatement (IV, 4) sa réplique entre Gros-René et Marinette, sous forme populaire, simple et burlesque. Molière a voulu le parallélisme et le contraste plaisant entre les deux couples des maîtres et des valets, Gros-René surtout, le valet d'Éraste, constituant son double parodique tout au long de la comédie. Gros-René refuse les complications du sentiment de la jalousie (I, 1 et 2). Singeant son maître, à vouloir se hausser au niveau d'expression de celui-ci, il échoue ; sa diatribe contre les femmes de IV, 2 s'embrouille, perd le fil des arguments, s'enlise dans la fatrasie et le galimatias, comme le font les raisonnements de Sganarelle dans le *Dom Juan*, pour conclure de manière abrupte et enfin adaptée à sa personne : « Quand… Les femmes enfin ne valent pas le diable[3] ». Éloigné de toute galanterie, son amour avec Marinette se dégage mal de la nature et de l'instinct : il est derechef « acoquiné » aux appas de Marinette, laquelle « est sotte après son Gros-René[4] » ; et ils n'ont plus qu'à attacher par le mariage leurs « deux peaux[5] ». Le dialogue entre les deux registres doit aussi faire sens.

On sait de reste que ce motif du dépit amoureux donnera lieu dans le théâtre ultérieur de Molière à plus d'une variation ; pensons seulement à la scène de dépit du *Tartuffe* (II, 4) et à la série de jolies scènes à quatre dans *Le Bourgeois gentilhomme* (III, 8 à 10).

---

3   IV, 2, v. 1286.
4   IV, 4, vers 1455 et 1456.
5   V, 8, v. 1788.

DU COMIQUE ET DU SÉRIEUX

On voit ainsi que *Le Dépit amoureux* mêle des tons différents et recherche des effets variés auprès des spectateurs. Je voudrais en donner encore quelques exemples, prouvant l'invention de Molière dans les deux registres opposés.

Le personnage du pédant n'est pas neuf, et Molière s'en sert depuis ses premières farces. Métaphraste, le précepteur d'Ascagne, ne fait qu'une apparition dans la comédie (en II, 6), caricaturale et farcesque, en pédant avéré : enfermé dans son latin, écoutant avec peine son interlocuteur Albert venu le consulter sur Ascagne qu'il trouve (et pour cause) bien froid à l'idée du mariage, l'entravant par des digressions pédantes, le pressant de parler tout en l'interrompant sans cesse, avant d'être coupé dans sa logorrhée et chassé à son de cloche. Croquis parfait et fort drôle.

Mascarille, le valet de Valère, est beaucoup plus intéressant, et complète bien la brochette des serviteurs du *Dépit*. C'est un nouveau Mascarille, couard et maladroit, qui a perdu la fourberie triomphante qu'il manifestait dans *L'Étourdi*. Bavard et sottement étourdi, il est facilement manœuvré : ici, en I, 4, il lâche le secret de son maître Valère à Éraste ; là, en III, 7, il avoue à Valère, avec une sotte fierté, sa mauvaise action (il a raconté le même secret au père de Valère), pour se sortir, pensait-il, de sa première bévue ; ailleurs, en III, 8 à 10, les efforts qu'il déploie pour forcer Lucile à avouer qu'elle a épousé secrètement Valère échouent forcément et ne lui valent qu'un soufflet et des menaces (encore un ballet allègre de répliques en III, 10). Et l'on a vu les conséquences de sa maladresse. Sa peur enfin, au long de l'acte V, donne l'occasion de passages drolatiques ; à commencer par le monologue qu'il transforme en dialogue fictif en rapportant d'abord les paroles de son maître, puis surtout en imaginant avec lui un échange contradictoire qu'il n'a pas osé mener en sa présence. Il annonce un peu par là le monologue de Sosie à l'ouverture d'*Amphitryon* (I, 1). Sa couardise ne va cesser de s'étaler, en contraste avec l'humeur fort belliqueuse de Valère, qui court au devant du danger. Au principe, l'attachement de Mascarille à la vie :

> Eh ! Monsieur, mon cher maître, il est si doux de vivre !
> On ne meurt qu'une fois, et c'est pour si longtemps[6] !

Du côté du sérieux, deux notations. L'une, très fugitive, mais qui correspond à une observation subtile de Molière, concerne Ascagne : enfermée dans son déguisement d'identité, Ascagne s'est éprise de Valère. Elle dit comment[7] : elle a trouvé injuste que Lucile rebute Valère, a conçu pour le garçon quelque pitié, avant de se substituer en pensée à Lucile et de devenir réellement amoureuse. Dans ce transfert entre les deux filles, qui sont d'ailleurs les deux sœurs, on trouve de la fine analyse.

L'autre notation reçoit quelque développement : il s'agit d'Albert, que sa cupidité a amené à réaliser une substitution d'enfant apte à détourner un héritage. Mais de sa « fourbe », il a mauvaise conscience et vit dans la terreur qu'elle soit révélée et le déshonore à tout jamais. Loin d'être un scélérat, Albert se conduit finalement comme le chrétien qu'il se dit être[8], lui qui affirme dire ses heures (en latin, et sans rien y comprendre d'ailleurs) depuis cinquante ans ; il demande pardon à Polydore du dol dont il a fait victime son fils Valère

---

6   V, 3, vers 1575-1576.

7   II, 1, vers 424 et suivants.

8   Le mot est prononcé par lui au vers 848, quand il demande à Polydore d'agir en chrétien en lui pardonnant son péché avec miséricorde.

et dont il se repent (III, 4), avant que les affaires entre les deux pères ne s'arrangent en coulisses et retombent à la normalité, Valère recouvrant ses droits à l'héritage. Dans un théâtre qui traitera de la religion chrétienne de tout autre façon, cette manière est unique et méritait d'être signalée.

Ainsi, on trouve toujours à goûter quand on relit cette autre comédie d'avant le grand Molière.

LE TEXTE

Nous transcrivons le seul texte qu'il faille prendre en compte, l'édition originale, qui n'est d'ailleurs pas exempte de quelques fautes (*encor* pour *encore* ou vice-versa, par exemple) et coquilles diverses, qui seront signalées :

– DÉPIT / AMOVREUX / *COMEDIE,* / REPRESENTÉE SVR LE / Theatre du Palais Royal. / De I. B. P. MOLIERE. / A PARIS, / Chez CLAVDE BARBIN, au Palais, sur le / Degré deuant la Sainte Chapelle, au Signe / de la Croix. M. DC. LXIII. / *AVEC PRIVILEGE DV ROY.* In-12 de 135 pages : [I-VIII : dédicace, extrait du Privilège et liste des acteurs] ; [1-135 : texte de la pièce] ; [136] [1 page blanche].

La BnF conserve un exemplaire de cette édition sous la cote RES-YF-4154, à Tolbiac. Deux numérisations sur Gallica : NUMM-70150 (texte numérisé) et IFN-8610784 (lot d'images numérisées).

Comme pour *L'Étourdi*, l'édition de 1682 indique que de nombreux vers étaient supprimés à la représentation.

BIBLIOGRAPHIE

HALL, Hugh Gaston, *Comedy in Context* : Essays, *on Molière*, University Press of Mississippi, 1984.

HARRIS, Joseph, « Engendering female subjectivity in Molière's *Dépit amoureux* », *Seventeenth-century French studies*, 23, 2001, p. 111-120.

RAZGONNIKOFF, Jacqueline, « *Le Dépit amoureux*, comédie en 5 actes de Molière : la pièce introuvable, [in] *Molière et les pays d'Oc*, Perpignan, Presses Universitaires de Perpignan, 2004, p. 63-91.

LE DÉPIT AMOUREUX

Comédie

Représentée sur le
Théâtre du Palais-Royal.

DE J.-B. P. MOLIÈRE.

À PARIS

Chez CLAUDE BARBIN, au Palais, sur le
degré devant la Sainte-Chapelle, au signe
de la Croix.

M. DC. LXIII

AVEC PRIVILÈGE DU ROY

À MONSIEUR [n. p.]

MONSIEUR
HOURLIER,
ÉCUYER, SIEUR DE
Méricourt, Conseiller du Roy,
Lieutenant général civil et
criminel au bailliage du Palais, à Paris.

Monsieur,

Si cette pièce n'avait reçu les applaudissements de toute la France, [n. p.] si elle n'avait été le charme de Paris, et si elle n'avait été le divertissement du plus grand monarque de la terre, je ne prendrais pas la liberté de vous l'offrir. Il y a longtemps que j'avais résolu de vous présenter quelque chose qui vous marquât mes respects. Mais ne trouvant rien qui fût digne de vous être offert, et qui fût proportionné à vos mérites, j'avais toujours différé le juste et respectueux hommage que je m'étais proposé de vous rendre ; et j'eusse peut-être encore tardé longtemps à le faire, si le Dépit amoureux de l'auteur le plus approuvé de ce siècle ne me fût tombé entre les mains. J'ai cru, Monsieur, que je ne devais [n. p.] pas laisser échapper cette occasion de satisfaire aux lois que je m'étais imposées, et que tous les gens d'esprit demandant tous les jours cette pièce, pour avoir le plaisir de la lecture comme ils ont eu celui de la représentation, ils seraient bien aises de rencontrer votre nom à la tête. Pour moi, Monsieur, ma joie sera tout à fait grande de le voir passer, non seulement dans plusieurs mains, mais encore dans la bouche des plus charmantes personnes du monde. C'est alors que chacun se souviendra de toutes les belles et avantageuses qualités que vous possédez, que les uns loueront votre prudence, les *autres votre esprit, les autres votre justice, les au*[ã iij][n. p.]*tres la douceur qui est inséparable de tout ce que vous faites, et qui est si vivement dépeinte sur votre visage qu'il n'est personne qui puisse douter que vos actions en soient remplies. Jugez, Monsieur, quelle satisfaction j'aurai de savoir que l'on rendra à votre mérite ce qui lui est dû, que l'on vous donnera des louanges que vous avez si légitimement méritées, que l'on m'estimera d'avoir fait un si juste choix, et si glorieux pour moi, et que l'on louera le zèle et le respect avec lesquels je suis,*

    MONSIEUR,

    Votre très humble et très obéissant serviteur

                            G. QUINET[1].

---

1   Comme pour la dédicace de *L'Étourdi*, c'est le marchand-libraire, ici
      Gabriel Quinet, qui avait partagé le privilège avec Claude Barbin, qui
      signa cette épître, rédigée par, ou avec l'approbation de Molière.

EXTRAIT DU PRIVILÈGE DU ROI   [n. p.]

Par grâce et privilège du Roi donné à Paris le dernier jour de mai 1660, signé LE JUGE, Il est permis au sieur MOLIÈRE de faire imprimer une pièce de théâtre intitulée *Le Dépit amoureux*, pendant l'espace de cinq années, à commencer du jour que ledit livre sera achevé d'imprimer. Et défenses sont faites à tous autres de l'imprimer, à peine de ce qui est porté par lesdites lettres.

Et ledit MOLIÈRE a cédé et transporté son droit de privilège à CLAUDE BARBIN et GABRIEL QUINET, marchands-libraires à Paris, pour en jouir le temps porté par icelui.

Achevé d'imprimer le 24 novembre 1662.

Registré sur le livre de la communauté le
27 octobre 1662.
Signé DU BRAY, Syndic.

Les exemplaires ont été fournis.

LES PERSONNAGES

ÉRASTE, amant de Lucile.
ALBERT, père de Lucile.
GROS-RENÉ, valet d'Éraste.
VALÈRE, fils de Polydore.
LUCILE, fille d'Albert.
MARINETTE, suivante de Lucile.
POLYDORE, père de Valère.
FROSINE, confidente d'Ascagne.
ASCAGNE, fille sous l'habit d'homme.
MASCARILLE[2], valet de Valère.
MÉTAPHRASTE[3], pédant.
LA RAPIÈRE, bretteur.

---

2   C'est la deuxième apparition de ce type dans le théâtre de Molière, avant
     Les Précieuses ridicules.
3   En grec : celui qui traduit, qui transpose d'un langage dans un autre.

DÉPIT AMOUREUX [1]

Comédie

ACTE PREMIER

Scène PREMIÈRE
ÉRASTE, GROS-RENÉ

ÉRASTE

Veux-tu que je te die[4] ? Une atteinte secrète
Ne laisse point mon âme en une bonne assiette[5] :
Oui, quoi qu'à mon amour tu puisses repartir,
Il craint d'être la dupe, à ne te point mentir ;
5 Qu'en faveur d'un rival ta foi ne se corrompe,
Ou du moins qu'avec moi, toi-même on ne te
[trompe.

GROS-RENÉ [A] [2]

Pour moi, me soupçonner de quelque mauvais tour,
Je dirai, n'en déplaise à monsieur votre amour,
Que c'est injustement blesser ma prud'homie[6]
10 Et se connaître mal en physionomie.
Les gens de mon minois[7] ne sont point accusés
D'être, grâces à Dieu, ni fourbes, ni rusés.

---

4 Forme du subjonctif *dise*.
5 *Assiette* : état, disposition d'esprit.
6 *Prud'homie* : honnêteté, droiture.
7 *Minois* (visage, mine) est un mot bas, du style plaisant selon les dictionnaires du temps.

Cet honneur qu'on nous fait, je ne le démens guères[8],
Et suis homme fort rond[9], de toutes les manières[10].
15   Pour que l'on me trompât[11], cela se pourrait bien :
Le doute est mieux fondé ; pourtant je n'en crois rien.
Je ne vois point encore, ou je suis une bête,
Sur quoi vous avez pu prendre martel en tête.
Lucile, à mon avis, vous montre assez d'amour ;
20   Elle vous voit, vous parle, à toute heure du jour ;
Et Valère après tout, qui cause votre crainte,
Semble n'être à présent souffert[12] que par contrainte.

ÉRASTE

Souvent d'un faux espoir un amant est nourri ;
Le mieux reçu toujours n'est pas le plus chéri ;
25   Et tout ce que d'ardeur font paraître les femmes
Parfois n'est qu'un beau voile à couvrir d'autres
                                         [flammes.
Valère enfin, pour être un amant rebuté,
Montre depuis un temps[13] trop de tranquillité ;
Et ce qu'à ces faveurs, dont tu crois l'apparence,
30   Il témoigne de joie ou bien d'indifférence
M'empoisonne à tous coups leurs plus charmants
                                         [appâts,
Me donne ce chagrin[14] que tu ne comprends pas,
Tient mon bonheur en doute, et me rend difficile   [3]

---

8   Forme ancienne de *guère*, admise par Vaugelas, ici utile pour la rime.
9   Allusion à l'embonpoint de l'acteur Du Parc, dont le nom de farce était
     Gros-René, et qui et le seul élément de certitude dans la distribution
     originelle de la comédie.
10   Au sens propre et au sens figuré (franchise).
11   Que l'on me trompât.
12   Supporté, admis.
13   Un certain temps.
14   Irritation.

Une entière croyance aux propos de Lucile.
35   Je voudrais, pour trouver un tel destin plus doux,
     Y voir entrer un peu de son transport jaloux ;
     Et sur ses déplaisirs et son impatience[15]
     Mon âme prendrait lors une pleine assurance.
     Toi-même, penses-tu qu'on puisse, comme il fait,
40   Voir chérir un rival d'un esprit satisfait ?
     Et si tu n'en crois rien, dis-moi, je t'en conjure,
     Si j'ai lieu de rêver[16] dessus cette aventure.

                    GROS-RENÉ
     Peut-être que son cœur a changé de désirs,
     Connaissant qu'il poussait d'inutiles soupirs.

                    ÉRASTE
45   Lorsque par les rebuts une âme est détachée[17],
     Elle veut fuir l'objet dont elle fut touchée,
     Et ne rompt point sa chaîne avec si peu d'éclat,
     Qu'elle puisse rester en un paisible état.
     De ce qu'on a chéri la fatale[18] présence
50   Ne nous laisse jamais dedans l'indifférence ;
     Et, si de cette vue on n'accroît son dédain,
     Notre amour est bien près de nous rentrer au sein.
     Enfin, crois-moi, si bien qu'on éteigne une flamme,
     Un peu de jalousie occupe encore une âme,
55   Et l'on ne aurait voir, sans en être piqué,
     Posséder par un autre un cœur qu'on a manqué[19].

---

15   À voir sa profonde douleur (*déplaisir*) et sa révolte (*impatience*, avec la
     diérèse).
16   *Rêver* : penser profondément et de manière déraisonnable, excessive.
17   Les dédains, les refus de la femme aimée détachent d'elle l'amant, qui
     veut la fuir.
18   Voulue par le destin.
19   Éraste donne ainsi son point de vue sur une question d'amour : peut-on
     rompre tout à fait avec une personne qu'on a aimée ?

GROS-RENÉ

Pour moi, je ne sais point tant de philosophie ;
Ce que voyent[20] mes yeux, franchement je m'y
　　　　　　　　　　　　　　[fie, [A ij] [4]
Et ne suis point de moi si mortel ennemi,
60　Que je m'aille affliger sans sujet ni demi[21].
Pourquoi subtiliser, et faire le capable
À chercher des raisons pour être misérable ?
Sur des soupçons en l'air je m'irais alarmer ?
Laissons venir la fête avant que la chômer[22].
65　Le chagrin me paraît une incommode chose ;
Je n'en prends point pour moi sans bonne et juste
　　　　　　　　　　　　　　[cause ;
Et mêmes[23] à mes yeux cent sujets d'en avoir
S'offrent le plus souvent, que je ne veux pas voir.
Avec vous en amour je cours même fortune ;
70　Celle que vous aurez me doit être commune.
La maîtresse ne peut abuser votre foi,
À moins que la suivante en fasse autant pour moi.
Mais j'en fuis la pensée avec un soin extrême.
Je veux croire les gens quand on me dit « Je t'aime »,
75　Et ne vais point chercher, pour m'estimer heureux,
Si Mascarille ou non s'arrache les cheveux.
Que tantôt Marinette endure qu'à son aise
Jodelet[24] par plaisir la caresse et la baise,

20　Forme nécessaire avec ses deux syllabes.
21　Sans sujet ni demi-sujet, c'est-à-dire sans aucun sujet. Tour fréquent
　　chez les burlesques.
22　FUR. signale et explique l'expression : « Il ne faut pas chômer les fêtes
　　avant qu'elles soient venues [...] : il ne faut point s'affliger ni se réjouir
　　par prévoyance avant que les biens ou les maux soient arrivés ».
23　Forme courante de l'adverbe au XVIIᵉ siècle, utile dans le vers avec ses
　　deux syllabes.
24　Allusion au célèbre farceur Julien Bedeau, dit Jodelet, qui s'enfarinait
　　le visage, selon la tradition des farceurs français. Il avait brillé dans les

Et que ce beau rival en rie ainsi qu'un fou,
80   À son exemple aussi j'en rirai tout mon soûl ;
Et l'on verra qui rit avec meilleure grâce.

ÉRASTE

Voilà de tes discours.

GROS-RENÉ

Mais je la vois qui passe.

Scène 2   [5]
MARINETTE, ÉRASTE, GROS-RENÉ

GROS-RENÉ

St, Marinette !

MARINETTE

Oh ! oh ! que fais-tu là ?

GROS-RENÉ

Ma foi,
Demande ! Nous étions tout à l'heure sur toi[25].

MARINETTE

85   Vous êtes aussi là ! Monsieur, depuis une heure
Vous m'avez fait trotter comme un Basque[26], je
[meure[27].

---

comédies de Scarron ou de Thomas Corneille. Molière le recruta à Pâques
1659, pour jouer dans *Les Précieuses ridicules*. Il mourut un an plus tard.
25 À l'instant (*tout à l'heure*) notre conversation portait sur toi.
26 On dit *courir comme un Basque* « pour dire marcher vite et longtemps,
parce que ceux de Biscaye sont en réputation pour cela » (FUR.). C'est
du registre burlesque.
27 Que je meure (subjonctif de souhait) si je ne dis vrai.

ÉRASTE

Comment ?

MARINETTE

Pour vous chercher, j'ai fait dix mille pas,
Et vous promets, ma foi…

ÉRASTE   [A iij] [6]
Quoi ?

MARINETTE

Que vous n'êtes pas
Au temple, au cours, chez vous, ni dans la grande
[place[28].

GROS-RENÉ

90   Il fallait en jurer.

ÉRASTE

Apprends-moi donc, de grâce,
Qui te fait me chercher !

MARINETTE

Quelqu'un, en vérité,
Qui pour vous n'a pas trop mauvaise volonté,
Ma maîtresse en un mot.

ÉRASTE

Ah ! chère Marinette,
Ton discours de ton cœur est-il bien l'interprète ?

---

28   Si la pièce se situe à Paris, et s'il ne faut pas prendre les trois termes comme
     des noms communs, il s'agirait précisément du jardin du Temple, du
     Cours-la-Reine et de la Place Royale – tous lieux célèbres de la capitale.

95   Ne me déguise point un mystère fatal ;
        Je ne t'en voudrai pas pour cela plus de mal.
        Au nom des dieux, dis-moi si ta belle maîtresse
        N'abuse point mes vœux d'une fausse tendresse !

                    MARINETTE   [7]
        Hé, hé ! d'où vous vient donc ce plaisant mouvement ?
100   Elle ne fait pas voir assez son sentiment ?
        Quel garant est-ce encor que votre amour demande ?
        Que lui faut-il ?

                    GROS-RENÉ
                    À moins que Valère se pende,
        Bagatelle[29] ! son cœur ne s'assurera point.

                    MARINETTE
        Comment ?

                    GROS-RENÉ
                    Il est jaloux jusques en un tel point.

                    MARINETTE
105   De Valère ? Ah ! vraiment la pensée est bien belle !
        Elle peut seulement naître en votre cervelle !
        Je vous croyais du sens, et jusqu'à ce moment
        J'avais de votre esprit quelque bon sentiment ;
        Mais, à ce que je vois, je m'étais fort trompée.
110   Ta tête de ce mal est-elle aussi frappée ?

---

29   Interjection exprimant l'incrédulité : à moins que Valère ne se pende,
     Éraste ne veut rien admettre.

GROS-RENÉ

Moi jaloux ? Dieu m'en garde, et d'être assez badin[30]
Pour m'aller emmaigrir avec un tel chagrin.
Outre que de ton cœur ta foi me cautionne[31],
L'opinion que j'ai de moi-même est trop bonne

115 Pour croire auprès de moi que quelque autre te
[plût. [8]
Où diantre pourrais-tu trouver qui me valût ?

MARINETTE

En effet, tu dis bien, voilà comme il faut être :
Jamais de ces soupçons qu'un jaloux fait paraître !
Tout le fruit qu'on en cueille est de se mettre mal,

120 Et d'avancer par là les desseins d'un rival :
Au mérite souvent de qui l'éclat vous blesse
Vos chagrins[32] font ouvrir les yeux d'une maîtresse ;
Et j'en sais tel qui doit son destin le plus doux
Aux soins trop inquiets[33] de son rival jaloux.

125 Enfin, quoi qu'il en soit, témoigner de l'ombrage
C'est jouer en amour un mauvais personnage,
Et se rendre après tout misérable à crédit[34].
Cela, Seigneur Éraste, en passant vous soit dit[35].

ÉRASTE

Eh bien ! n'en parlons plus ! Que venais-tu
[m'apprendre ?

---

30 Niais, sot.
31 Ta promesse et ta bonne foi me garantissent ta fidélité amoureuse.
    Diérèse sur *cautionne*.
32 Irritation, colère engendrées par la jalousie.
33 Aux soucis et à l'agitation jalouse.
34 Sans fondement.
35 Tirade imitée de *L'Interesse*, III, 1.

MARINETTE

130   Vous mériteriez bien que l'on vous fît attendre ;
       Qu'afin de vous punir je vous tinsse caché
       Le grand secret pourquoi je vous ai tant cherché.
       Tenez, voyez ce mot, et sortez hors de doute !
       Lisez-le donc tout haut ; personne ici n'écoute.

ÉRASTE *lit*

135   *Vous m'avez dit que votre amour*
               Était capable de tout faire.
       Il se couronnera lui-même dans ce jour,   [9]
               S'il peut avoir l'aveu d'un père.
       Faites parler les droits qu'on a dessus mon cœur,
140   *Je vous en donne la licence.*
               Et si c'est en votre faveur,
       Je vous réponds de mon obéissance.

       Ah ! quel bonheur ! Ô toi qui me l'as apporté,
       Je te dois regarder comme une déité.

GROS-RENÉ

145   Je vous le disais bien contre votre croyance ;
       Je ne me trompe guère aux choses que je pense.

ÉRASTE *lit*[36]

       Faites parler les droits qu'on a dessus mon cœur,
               Je vous en donne la licence.
               Et si c'est en votre faveur,
150   *Je vous réponds de mon obéissance.*

---

36 *Relit*, à la vérité, dans l'extase, cette fin de la lettre où Lucile l'autorise à
    demander sa main à son père et promet qu'elle obéira si celui-ci accepte
    Éraste.

MARINETTE

Si je lui rapportais vos faiblesses d'esprit,
Elle désavouerait bientôt un tel écrit.

ÉRASTE

Ah! cache-lui, de grâce, une peur passagère
Où mon âme a cru voir quelque peu de lumière[37] ;
155   Ou, si tu la lui dis, ajoute que ma mort
Est prête d'expier l'erreur de ce transport;
Que je vais à ses pieds, si j'ai pu lui déplaire,
Sacrifier[38] ma vie à sa juste colère.

MARINETTE   [B] [10]

Ne parlons point de mort, ce n'en est pas le temps.

ÉRASTE

160   Au reste, je te dois beaucoup, et je prétends
Reconnaître dans peu de la bonne manière
Les soins d'une si noble et belle courrière[39].

MARINETTE

À propos, savez-vous où je vous ai cherché
Tantôt encore ?

ÉRASTE
Eh bien ?

MARINETTE
                          Tout proche du marché[40],

---

37   Quelque vraisemblance.
38   Diérèse, comme pour *expier* deux vers plus haut.
39   Emploi original au sens propre, et amusant, du féminin de *courrier*
     (messager).
40   *Proche de*, préposition : près du marché.

165   Où vous savez.

ÉRASTE
Où donc ?

MARINETTE
                    Là, dans cette boutique
Où dès le mois passé votre cœur magnifique[41]
Me promit, de sa grâce[42], une bague.

ÉRASTE   [11]
                    Ah ! j'entends.

GROS-RENÉ
La matoise !

ÉRASTE
                    Il est vrai, j'ai tardé trop longtemps
À m'acquitter vers toi d'une telle promesse.
170   Mais…

MARINETTE
                    Ce que j'en ai dit n'est pas que je vous presse.

GROS-RENÉ
Oh ! que non !

ÉRASTE[43]
                    Celle-ci peut-être aura de quoi
Te plaire. Accepte-la pour celle que je te dois.

---

41   *Magnifique* : qui donne avec largesse.
42   *De sa grâce* : de son plein gré, spontanément.
43   Éraste lui donne sa bague.

MARINETTE

Monsieur, vous vous moquez ; j'aurais honte[44] à la
[prendre.

GROS-RENÉ

Pauvre honteuse[45], prends, sans davantage attendre !
175   Refuser ce qu'on donne est bon à faire aux fous.

MARINETTE

Ce sera pour garder quelque chose de vous.

ÉRASTE   [12]

Quand puis-je rendre grâce à cet ange adorable ?

MARINETTE

Travaillez à vous rendre un père favorable !

ÉRASTE

Mais s'il me rebutait, dois-je…

MARINETTE

Alors comme alors[46],
180   Pour vous on emploiera toutes sortes d'efforts.
D'une façon ou d'autre il faut qu'elle soit vôtre ;
Faites votre pouvoir, et nous ferons le nôtre[47].

ÉRASTE

Adieu, nous en saurons le succès[48] dans ce jour.

---

44   *Honte* : pudeur, timidité.
45   Ce groupe de mots compte pour 5 syllabes.
46   C'est-à-dire : quand les choses arriveront, on s'y conformera, on se tirera
d'affaire comme on pourra.
47   *Faire son pouvoir* : faire son possible.
48   L'issue.

MARINETTE

Et nous[49], que dirons-nous aussi de notre amour ?
185   Tu ne m'en parles point.

GROS-RENÉ
                    Un hymen[50] qu'on souhaite
Entre gens comme nous est chose bientôt faite.
Je te veux. Me veux-tu de même ?

MARINETTE   [13]
                    Avec plaisir.

GROS-RENÉ
Touche[51] ! Il suffit.

MARINETTE
                    Adieu, Gros-René mon désir.

GROS-RENÉ
Adieu, mon astre.

MARINETTE
                    Adieu, beau tison de ma flamme.

GROS-RENÉ
190   Adieu, chère comète, arc-en-ciel de mon âme[52].
Le bon Dieu soit loué, nos affaires vont bien ;
Albert n'est pas un homme à vous refuser rien[53].

---

49 Le dialogue se poursuit maintenant entre Marinette et Gros-René.
50 Le terme, du registre élevé, est plaisant dans la bouche du valet.
51 *Toucher, toucher dans la main* : donner la main en signe d'accord.
52 Marinette sort alors.
53 Quelque chose / sens positif de *rien*.

ÉRASTE

Valère vient à nous.

GROS-RENÉ

Je plains le pauvre hère[54],

Sachant ce qui se passe.

Scène 3   [C] [14]

ÉRASTE, VALÈRE, GROS-RENÉ

ÉRASTE

Eh bien ! Seigneur Valère ?

VALÈRE

195   Eh bien ! Seigneur Éraste ?

ÉRASTE

En quel état l'amour ?

VALÈRE

En quel état vos feux ?

ÉRASTE

Plus forts de jour en jour.

VALÈRE

Et mon amour plus fort.

ÉRASTE   [15]

Pour Lucile ?

---

54   Le pauvre bougre (le *hère* est un homme peu considéré).

VALÈRE

Pour elle

ÉRASTE

Certes, je l'avouerai, vous êtes le modèle
D'une rare constance.

VALÈRE

Et votre fermeté
200   Doit être un rare exemple à la postérité.

ÉRASTE

Pour moi, je suis peu fait à cet amour austère,
Qui dans les seuls regards trouve à se satisfaire,
Et je ne forme point d'assez beaux sentiments
Pour souffrir constamment[55] les mauvais traitements.
205   Enfin, quand j'aime bien, j'aime fort que l'on m'aime.

VALÈRE

Il est[56] très naturel, et j'en suis bien de même[57] :
Le plus parfait objet dont je serais charmé
N'aurait pas mes tributs, n'en étant point aimé.

ÉRASTE

Lucile cependant…

VALÈRE   [C ij] [16]

Lucile dans son âme
210   Rend tout ce que je veux qu'elle rende à ma flamme.

---

55   Pour supporter avec fermeté, avec constance.
56   C'est.
57   *Être de même* : être égal, identique.

ÉRASTE

Vous êtes donc facile à contenter.

VALÈRE

                                   Pas tant

Que vous pourriez penser.

ÉRASTE

                          Je puis croire pourtant,

Sans trop de vanité, que je suis en sa grâce.

VALÈRE

Moi, je sais que j'y tiens une assez bonne place.

ÉRASTE

215   Ne vous abusez point, croyez-moi !

VALÈRE

                                Croyez-moi,

Ne laissez point duper vos yeux à trop de foi[58] !

ÉRASTE   [17]

Si j'osais vos montrer une preuve assurée

Que son cœur…Non, votre âme en serait altérée[59].

VALÈRE

Si je vous osais, moi, découvrir en secret…

220   Mais je vous fâcherais, et veux être discret.

ÉRASTE

Vraiment, vous me poussez ; et contre mon envie,

---

58 Avec trop de confiance.
59 *Altérer* : troubler, émouvoir.

Votre présomption veut que je l'humilie.
Lisez !

VALÈRE

Ces mots sont doux.

ÉRASTE

Vous connaissez la main ?

VALÈRE

Oui, de Lucile.

ÉRASTE

Eh bien ? cet espoir si certain…

VALÈRE, *riant*   [C iij] [18]

225   Adieu, Seigneur Éraste[60] !

GROS-RENÉ

Il est fou, le bon sire.
Où vient-il donc, pour lui, de voir le mot pour rire ?

ÉRASTE

Certes, il me surprend, et j'ignore, entre nous,
Quel diable de mystère est caché là-dessous.

GROS-RENÉ

Son valet vient, je pense.

ÉRASTE

Oui, je le vois paraître.

---

60   Et Valère s'en va.

230   Feignons, pour le jeter sur l'amour de son maître[61].

Scène 4   [19]
MASCARILLE, ÉRASTE, GROS-RENÉ

MASCARILLE

Non, je [ne] trouve point d'état plus malheureux
Que d'avoir un patron jeune et fort amoureux.

GROS-RENÉ

Bonjour !

MASCARILLE

Bonjour !

GROS-RENÉ

Où tend Mascarille à cette heure ?
Que fait-il ? revient-il ? va-t-il ? ou s'il demeure ?

MASCARILLE

235   Non, je ne reviens pas, car je n'ai pas été ;
Je ne vais pas aussi, car je suis arrêté ;
Et ne demeure point, car tout de ce pas même,
Je prétends m'en aller.

ÉRASTE   [20]
La rigueur[62] est extrême.
Doucement, Mascarille.

---

61 Comprendre : dissimulons nos inquiétudes pour le faire parler de l'amour
    de son maître.
62 La rigueur logique.

MASCARILLE

Ah! Monsieur, serviteur[63]!

ÉRASTE

240   Vous nous fuyez bien vite! Hé quoi? vous fais-je peur?

MASCARILLE

Je ne crois pas cela de votre courtoisie.

ÉRASTE

Touche! Nous n'avons plus sujet de jalousie;
Nous devenons amis, et mes feux que j'éteins
Laissent la place libre à vos heureux desseins.

MASCARILLE

245   Plût à Dieu!

ÉRASTE

Gros-René sait qu'ailleurs je me jette.

GROS-RENÉ

Sans doute[64]; et je te cède aussi la Marinette.

MASCARILLE   [21]

Passons sur ce point-là : notre rivalité
N'est pas pour en venir à grande extrémité.
Mais est-ce un coup bien sûr que votre Seigneurie
250   Soit désénamourée[65], ou si c'est raillerie?

---

63   Mascarille voudrait filer et prononce la formule de congé.
64   Sans aucun doute.
65   Néologisme de Molière, pour « débarrassé de son amour ».

ÉRASTE

J'ai su qu'en ses amours ton maître était trop bien ;
Et je serais un fou de prétendre plus rien
Aux étroites faveurs qu'il a de cette belle.

MASCARILLE

Certes, vous me plaisez avec cette nouvelle.
255   Outre qu'en nos projets je vous craignais un peu,
Vous tirez sagement votre épingle du jeu.
Oui, vous avez bien fait de quitter une place,
Où l'on vous caressait[66] pour la seule grimace ;
Et mille fois, sachant tout ce qui se passait,
260   J'ai plaint le faux espoir dont on vous repaissait.
On offense un brave homme alors qu'on l'abuse.
Mais d'où, diantre, après tout, avez-vous su la ruse ?
Car cet engagement mutuel de leur foi
N'eut, pour témoins, la nuit, que deux autres et moi ;
265   Et l'on croit jusqu'ici la chaîne fort secrète
Qui rend de nos amants la flamme satisfaite.

ÉRASTE

Hé ! que dis-tu ?

MASCARILLE   [D] [22]
                       Je dis que je suis interdit,
Et ne sais pas, Monsieur, qui peut vous avoir dit
Que, sous ce faux-semblant qui trompe tout le monde,
270   En vous trompant aussi, leur ardeur sans seconde
D'un secret mariage a serré le lien.

ÉRASTE

Vous en avez menti.

---

66 *Caresser* : traité avec amabilité, affection.

MASCARILLE
Monsieur, je le veux bien.

ÉRASTE
Vous êtes un coquin.

MASCARILLE
D'accord.

ÉRASTE
Et cette audace
Mériterait cent coups de bâton sur la place.

MASCARILLE
275   Vous avez tout pouvoir.

ÉRASTE   [23]
Ah ! Gros-René !

GROS-RENÉ
Monsieur.

ÉRASTE
Je démens un discours dont je n'ai que trop peur.
(À Mascarille.)
Tu penses fuir ?

MASCARILLE
Nenni.

ÉRASTE
Quoi ? Lucile est la femme…

MASCARILLE

Non, Monsieur, je raillais.

ÉRASTE

Ah ! vous raillez[67] ! infâme !

MASCARILLE

Non, je ne raillais point.

ÉRASTE   [24]

Il est[68] donc vrai ?

MASCARILLE

Non pas.

280   Je ne dis pas cela.

ÉRASTE

Que dis-tu donc ?

MASCARILLE

Hélas !

Je ne dis rien de peur de mal parler.

ÉRASTE

Assure

Ou si c'est chose vrai, ou si c'est imposture.

MASCARILLE

C'est ce qu'il vous plaira. Je ne suis pas ici
Pour vous rien contester.

---

67   C'est la forme originale ; mais ce pourrait bien être pour *railliez*, à
      l'imparfait.
68   *Il est* : c'est. Voir au v. 206.

ÉRASTE

                    Veux-tu dire[69] ? Voici[70],
285   Sans marchander, de quoi te délier[71] la langue ?

                    MASCARILLE   [25]

Elle ira faire encor quelque sotte harangue.
Hé, de grâce, plutôt, si vous le trouvez bon,
Donnez-moi vitement quelques coups de bâton,
Et me laissez tirer mes chausses[72] sans murmure !

                    ÉRASTE

290   Tu mourras, ou je veux que la vérité pure
S'exprime par ta bouche.

                    MASCARILLE

                    Hélas ! je la dirai.
Mais peut-être, Monsieur, que je vous fâcherai.

                    ÉRASTE

Parle ! Mais prends bien garde à ce que tu vas faire :
À ma juste fureur rien ne te peut soustraire,
295   Si tu mens d'un seul mot en ce que tu diras.

                    MASCARILLE

J'y consens. Rompez-moi les jambes et les bras,
Faites-moi pis encore, tuez-moi si j'impose[73]
En tout ce que j'ai dit ici la moindre chose.

---

69   Veux-tu bien parler ?
70   Éraste a tiré son épée ou s'est saisi d'un bâton.
71   Deux syllabes.
72   *Tirer ses chausses* : détaler. *Sans murmure* : sans tumulte.
73   *Imposer* : « tromper, dire une fausseté » (FUR.) ; employé transitivement
      avec un complément d'objet : « faire croire une chose fausse ».

ÉRASTE

Ce mariage est vrai ?

MASCARILLE   [E] [26]

           Ma langue, en cet endroit,

300   A fait un pas de clerc dont elle s'aperçoit ;
Mais, enfin, cette affaire est comme vous la dites ;
Et c'est après cinq jours de nocturnes visites,
Tandis que vous serviez à mieux couvrir leur jeu,
Que depuis avant-hier ils sont joints de ce nœud.
305   Et Lucile depuis fait encor moins paraître
La violente[74] amour qu'elle porte à mon maître,
Et veut absolument que tout ce qu'il verra
Et qu'en votre faveur son cœur témoignera,
Il l'impute à l'effet d'une haute prudence,
310   Qui veut de leurs secrets ôter la connaissance.
Si, malgré mes serments, vous doutez de ma foi,
Gros-René peut venir une nuit avec moi,
Et je lui ferai voir, étant en sentinelle,
Que nous avons dans l'ombre un libre accès chez elle.

ÉRASTE

315   Ôte-toi de mes yeux, maraud !

MASCARILLE

                    Et de grand cœur ;
C'est ce que je demande.

ÉRASTE

         Eh bien !

---

74   Diérèse. Au XVIIe siècle, *amour* est souvent féminin aussi au singulier.

GROS-RENÉ   [27]

Eh bien ! Monsieur,
Nous en tenons[75] tous deux, si l'autre est véritable.

ÉRASTE

Las ! il ne l'est que trop, le bourreau détestable.
Je vois trop d'apparence à tout ce qu'il a dit.
320   Et ce qu'a fait Valère, en voyant cet écrit,
Marque bien leur concert[76], et que c'est une baye[77]
Qui sert sans doute aux feux dont l'ingrate le paye.

Scène 5   [E ij] [28]
MARINETTE, GROS-RENÉ, ÉRASTE

MARINETTE

Je viens vous avertir que tantôt sur le soir
Ma maîtresse au jardin vous permet de la voir.

ÉRASTE

325   Oses-tu me perler, âme double et traîtresse ?
Va, sors de ma présence, et dis à ta maîtresse
Qu'avec[que] ses écrits elle me laisse en paix,
Et que voilà l'état, infâme, que j'en fais[78].

MARINETTE

Gros-René, dis-moi donc, quelle mouche le pique ?

---

75   *En tenir* : être trompé, dupé.
76   La réaction de Valère est en harmonie (*concert*) avec ce qu'a dit son valet
      Mascarille.
77   *Baye* ou *baie* : tromperie, mystification.
78   Éraste déchire la lettre.

GROS-RENÉ

330   M'oses-tu bien encor parler, femelle inique,
      Crocodile trompeur, de qui le cœur félon
      Est pire qu'un satrape, ou bien qu'un Lestrygon[79] ?
      Va, va rendre réponse à ta bonne maîtresse
      Et lui dis bien et beau que, malgré sa souplesse[80],
335   Nous ne sommes plus sots, ni mon maître, ni moi,
      Et désormais qu'elle aille au diable avecque toi !   [29]

MARINETTE[81]

      Ma pauvre Marinette, es-tu bien éveillée ?
      De quel démon est donc leur âme travaillée[82] ?
      Quoi ? faire un tel accueil à nos soins obligeants !
340   Oh ! que ceci chez nous va surprendre les gens !

            Fin du premier Acte.

---

79 Selon de chant X de l'*Odyssée*, les Lestrygons étaient un peuple de géants
    anthropophages.
80 Malgré sa ruse.
81 Seule sur la scène.
82 *Travaillé* : torturé.

ACTE II   [30]

Scène PREMIÈRE[83]
ASCAGNE, FROSINE

FROSINE

Ascagne, je suis fille à secret, Dieu merci.

ASCAGNE

Mais, pour un tel discours, sommes-nous bien ici ?
Prenons garde qu'aucun ne nous vienne surprendre,
Ou que de quelque endroit on ne nous puisse entendre.

FROSINE

345   Nous serions au logis beaucoup moins sûrement :
Ici de tous côtés on découvre[84] aisément,
Et nous pouvons parler avec toute assurance.

ASCAGNE   [31]

Hélas ! que j'ai de peine à rompre mon silence !

FROSINE

Ouais ! ceci doit donc être un important secret.

ASCAGNE

350   Trop, puisque je le fie[85] à vous-même à regret,
Et que si je pouvais le cacher davantage,
Vous ne le sauriez point.

---

83   *Cf. L'Interesse*, I, 6.
84   *Découvrir*, employé absolument : tout voir, tout voir venir.
85   L'original porte *je le le*. 1682 restitue *je le dis*. Des éditions étrangères
     et 1734 choisissent de restituer *je le fie*. C'est cette leçon qu'adoptent
     les GEF comme la correction la plus probable de la faute d'impression ;
     tous les éditeurs se sont rangés depuis à ce choix.

FROSINE

        Ha! c'est me faire outrage!
Feindre à[86] s'ouvrir à moi, dont vous avez connu
Dans tous vos intérêts l'esprit si retenu!
355   Moi nourrie[87] avec vous! et qui tiens sous silence
Des choses qui vous sont de si grande importance!
Qui sais...

ASCAGNE

        Oui, vous savez la secrète raison
Qui cache aux yeux de tous mon sexe et ma maison[88].
Vous savez que dans celle où passa mon bas âge
360   Je suis pour y pouvoir retenir l'héritage
Que relâchait ailleurs le jeune Ascagne mort,
Dont mon déguisement fait revivre le sort;
Et c'est aussi pourquoi ma bouche se dispense
À[89] vous ouvrir mon cœur avec plus d'assurance.
365   Mais avant que passer, Frosine, à ce discours,   [32]
Éclaircissez un doute où je tombe toujours.
Se pourrait-il qu'Albert ne sût rien du mystère
Qui masque ainsi mon sexe et l'a rendu mon père?

---

86 Craindre de, hésiter à.
87 Élevée.
88 Tous les commentateurs ont souligné le style embrouillé et parfois obscur par lequel Molière explique censément une intrigue particulièrement compliquée. Comprenons: la fille qui parle, qui passe pour un homme et se fait appeler Ascagne, est une enfant supposée; elle a été introduite chez Albert à la place de son fils, un jeune Ascagne mort, car la mort de celui-ci risquait de faire passer l'héritage de son oncle dans une autre maison (vers 360-361: pour retenir l'héritage que la mort d'Ascagne faisait abandonner (relâchait), faisait passer ailleurs). De fait, le déguisement pris par cette fille fait revire le véritable Ascagne mort.
89 *Se dispenser à*: se permettre de.

FROSINE

En bonne foi, ce point sur quoi vous me pressez
370 Est une affaire aussi qui m'embarrasse assez :
Le fond de cette intrigue est pour moi lettre close,
Et ma mère ne put m'éclaircir mieux la chose.
Quand il mourut, ce fils l'objet de tant d'amour,
Au destin de qui même, avant qu'il vînt au jour,
375 Le testament d'un oncle abondant en richesses
D'un soin particulier avait fait des largesses,
Et que sa mère fit un secret de sa mort,
De son époux absent redoutant le transport[90]
S'il voyait chez un autre aller tout l'héritage
380 Dont sa maison tirait un si grand avantage ;
Quand, dis-je, pour cacher un tel événement,
La supposition fut de son sentiment[91],
Et qu'on vous prit chez nous où vous étiez nourrie,
Votre mère d'accord de cette tromperie
385 Qui remplaçait ce fils à sa garde commis,
En faveur des présents le secret fut promis[92].
Albert ne l'a point su de nous ; et pour sa femme,
L'ayant plus de douze ans conservé dans son âme,
Comme le mal fut prompt dont on la vit mourir,
390 Son trépas imprévu ne put rien découvrir.
Mais, cependant, je vois qu'il garde intelligence
Avec celle de qui vous tenez la naissance.
J'ai su qu'en secret même il lui faisait du bien ;
Et peut-être cela ne se fait pas pour rien.
395 D'autre part, il vous veut porter au mariage ;

---

90 Le chagrin de la mort de son fils et la déception, voire la colère de perdre
pour les siens l'héritage de l'oncle destiné à Ascagne.
91 Quand votre mère imagina la substitution d'enfants.
92 Ceux qui étaient présents promirent le secret.

Et, comme il le prétend, c'est un mauvais
[langage[93]. [33]
Je ne sais qu'il saurait la supposition
Sans le déguisement[94] ; mais la digression
Tout insensiblement pourrait trop loin s'étendre.
400   Revenons au secret que je brûle d'apprendre.

ASCAGNE

Sachez donc que l'amour ne sait point s'abuser,
Que mon sexe à ses yeux n'a pu se déguiser,
Et que ses traits[95] subtils, sous l'habit que je porte,
Ont su trouver le cœur d'une fille peu forte :
405   J'aime enfin.

FROSINE
Vous aimez ?

ASCAGNE
Frosine, doucement ;
N'entrez pas tout à fait dedans l'étonnement :
Il n'est pas temps encore ; et ce cœur qui soupire
A bien pour vous surprendre autre chose à vous dire.

FROSINE
Et quoi ?

---

93   Vers particulièrement difficile. Comprendre sans doute : en prétendant
     vous marier à une fille, Albert commet une faute, pense mal et parle
     mal.
94   Retenir du récit de Frosine l'éclaircissement suivant : la femme d'Albert
     et mère d'Ascagne cacha à Albert la mort de son fils, et mit une fille à la
     place du garçon mort. Albert sait la substitution d'enfants, mais ignore
     le sexe de l'enfant supposé. Tout cela est en effet aussi invraisemblable
     que compliqué !
95   Les flèches que lance avec son arc le petit dieu Amour.

ASCAGNE

J'aime Valère.

FROSINE

                        Ha ! vous aviez raison.
410   L'objet de votre amour, lui dont à la maison[96] [F] [34]
Votre imposture enlève un puissant héritage,
Et qui de votre sexe ayant le moindre ombrage[97],
Verrait incontinent ce bien lui retourner !
C'est encore un plus grand sujet de s'étonner.

ASCAGNE

415   J'ai de quoi toutefois surprendre plus votre âme :
Je suis sa femme.

FROSINE

Ô dieux ! sa femme !

ASCAGNE

                        Oui, sa femme.

FROSINE

Ah ! certes, celui-là l'emporte et vient à bout
De toute ma raison.

ASCAGNE

        Ce n'est pas encore tout.

FROSINE

Encore !

---

96   Lui à la maison de qui.
97   *Ombrage* : soupçon.

ASCAGNE

Je la suis, dis-je, sans qu'il le pense

420   Ni qu'il ait de mon sort la moindre connaissance. [35]

FROSINE

Oh ! poussez, je le quitte[98], et ne raisonne plus,

Tant mes sens coup sur coup se trouvent confondus.

À ces énigmes-là je ne puis rien comprendre

ASCAGNE

Je vais vous l'expliquer, si vous voulez m'entendre.

425   Valère dans les fers de ma sœur arrêté

Me semblait un amant digne d'être écouté,

Et je ne pouvais voir qu'on rebutât sa flamme,

Sans qu'un peu d'intérêt touchât pour lui mon âme.

Je voulais que Lucile aimât son entretien,

430   Je blâmais ses rigueurs, et les blâmai si bien

Que moi-même j'entrai, sans pouvoir m'en défendre,

Dans tous les sentiments qu'elle ne pouvait prendre.

C'était en lui parlant moi qu'il persuadait,

Je me laissais gagner aux soupirs qu'il perdait,

435   Et ses vœux rejetés de l'objet qui l'enflamme

Étaient, comme vainqueurs, reçus dedans mon âme.

Ainsi mon cœur, Frosine, un peu trop faible, hélas !

Se rendit à des soins qu'on ne lui rendait pas[99],

Par un coup réfléchi[100] reçut une blessure,

440   Et paya pour un autre avec beaucoup d'usure.

Enfin, ma chère, enfin, l'amour que j'eus pour lui

Se voulut expliquer, mais sous le nom d'autrui.

---

98 Vous pouvez continuer, *je le quitte* : j'abandonne la partie.

99 On trouve la une pointe : le cœur d'Ascagne capitula (vocabulaire guer-
    rier) devant des soins qu'on ne lui rendait pas, devant une cour qu'on
    ne lui faisait pas (sens galant).

100 Par un coup en retour, indirect.

Dans ma bouche[101], une nuit, cet amant trop aimable
Crut rencontrer Lucile à ses vœux favorable,
445   Et je sus ménager si bien cet entretien
Que du déguisement il ne reconnut rien.
Sous ce voile trompeur, qui flattait sa pensée[102],   [36]
Je lui dis que pour lui mon âme était blessée ;
Mais que, voyant mon père en d'autres sentiments,
450   Je devais une feinte à ses commandements ;
Qu'ainsi de notre amour nous ferions un mystère
Dont la nuit seulement serait dépositaire,
Et qu'entre nous de jour, de peur de rien gâter,
Tout entretien secret se devait éviter ;
455   Qu'il me verrait alors la même indifférence
Qu'avant que nous eussions aucune intelligence,
Et que de son côté, de même que du mien,
Geste, parole, écrit, ne m'en dît jamais rien.
Enfin, sans m'arrêter sur toute l'industrie
460   Dont j'ai conduit le fil de cette tromperie,
J'ai poussé jusqu'au bout un projet si hardi,
Et me suis assuré l'époux que je vous dis.

FROSINE

Peste ! les grands talents que votre esprit possède !
Dirait-on qu'elle y touche, avec sa mine froide[103] ?
465   Cependant, vous avez été bien vite ici ;
Car je veux que[104] la chose ait d'abord réussi.
Ne jugez-vous pas bien, à regarder l'issue,
Qu'elle ne peut longtemps éviter d'être sue ?

---

101 En m'écoutant, moi qui parlais en me disant Lucile.
102 *Qui flattait sa pensée* : qui lui faisait plaisir, qui entretenait son rêve.
103 *Froide*, que Vaugelas autorisait à prononcer *fraide/frède*, peut donc rimer
    avec *possède*. Une *mine froide* est une mine calme, indifférente.
104 Car je veux bien admettre que.

ASCAGNE

Quand l'amour est bien fort, rien ne peut l'arrêter ;
470   Ses projets seulement vont à se contenter
Et, pourvu qu'il arrive au but qu'il se propose,
Il croit que tout le reste après est peu de chose.
Mais, enfin, aujourd'hui je me découvre à vous,
Afin que vos conseils…Mais voici cet époux.

Scène 2[105]   [37]
VALÈRE, ASCAGNE, FROSINE

VALÈRE

475   Si vous êtes tous deux en quelque conférence[106],
Où je vous fasse tort de mêler ma présence,
Je me retirerai.

ASCAGNE

Non, non ; vous pouvez bien,
Puisque vous le faisiez[107], rompre notre entretien.

VALÈRE

Moi ?

ASCAGNE

Vous-même.

VALÈRE

Et comment ?

---

105 *Cf. L'Interesse*, III, 2.
106 *Conférence* : entretien, conversation privée.
107 Puisque vous faisiez l'objet de notre entretien.

ASCAGNE

Je disais que Valère

480   Aurait, si j'étais fille, un peu trop su me plaire; [G] [38]
Et que, si je faisais tous les vœux de son cœur,
Je ne tarderais guère à faire son bonheur.

VALÈRE

Ces protestations[108] ne coûtent pas grand-chose,
Alors qu'à leur effet un pareil *si* s'oppose.
485   Mais vous seriez bien pris, si quelque événement
Allait mettre à l'épreuve un si doux compliment.

ASCAGNE

Point du tout; je vous dis que régnant dans votre âme
Je voudrais de bon cœur couronner votre flamme.

VALÈRE

Et si c'était quelqu'une[109], où par votre secours
490   Vous pussiez être utile au bonheur de mes jours?

ASCAGNE

Je pourrais assez mal répondre à votre attente.

VALÈRE

Cette confession n'est pas fort obligeante.

ASCAGNE

Hé! quoi! vous voudriez, Valère, injustement,
Qu'étant fille, et mon cœur vous aimant tendrement,
495   Je m'allasse engager avec une promesse

---

108 Ces déclarations. Diérèse.
109 *Quelqu'une* : quelque flamme, quelque amour.

De servir vos ardeurs pour quelque autre maîtresse ?
Un si pénible effort pour moi m'est interdit.

VALÈRE   [39]
Mais cela n'étant pas ?

ASCAGNE
                    Ce que je vous ai dit
Je l'ai dit comme fille, et vous le devez prendre
500   Tout de même.

VALÈRE
                    Ainsi donc, il ne faut rien prétendre,
Ascagne, à des bontés que vous auriez pour nous,
À moins que le Ciel fasse un grand miracle en vous.
Bref, si vous n'êtes fille, adieu votre tendresse ;
Il ne vous reste rien qui pour nous s'intéresse[110] ?

ASCAGNE
505   J'ai l'esprit délicat plus qu'on ne peut penser,
Et le moindre scrupule a de quoi m'offenser
Quand il s'agit d'aimer ; enfin je suis sincère ;
Je ne m'engage point à vous servir, Valère,
Si vous ne m'assurez au moins absolument
510   Que vous gardez pour moi le même sentiment,
Que pareille chaleur d'amitié vous transporte,
Et que, si j'étais fille, une flamme plus forte
N'outragerait point celle où je vivrais pour vous[111].

―――――――――

110 *S'intéresser pour* : prendre parti, se passionner pour.
111 L'équivoque fondamentale sur laquelle repose toute cette scène amène
     Ascagne qui ne peut se découvrir en tant que fille mais qui voudrait que
     Valère pût avoir non seulement de l'amitié pour celui qu'il croit garçon,
     mais de l'amour pour la fille déguisée qui l'aime passionnément, amène
     à quelques subtiles contorsions du discours d'Ascagne. Comprendre ainsi

VALÈRE

Je n'avais jamais vu ce scrupule jaloux ;
515 Mais tout nouveau qu'il est, ce mouvement
                                    [m'oblige, [G ij] [40]
Et je vous fais ici tout l'aveu qu'il exige.

ASCAGNE

Mais sans fard ?

VALÈRE

Oui, sans fard.

ASCAGNE

                              S'il est vrai[112], désormais
Vos intérêts seront les miens, je vous promets.

VALÈRE

J'ai bientôt[113] à vous dire un important mystère,
520 Où l'effet de ces mots[114] me sera nécessaire.

ASCAGNE

Et j'ai quelque secret de même à vous ouvrir,
Où votre cœur pour moi se pourra découvrir.

VALÈRE

Hé ! de quelle façon cela pourrait-il être ?

---

les vers 512-513 : promettez-moi que, si j'étais fille et vous aimiez ainsi
en tant que fille, vous n'auriez pas d'amour plus fort pour une autre que
moi, dont je puisse être jalouse et qui m'outragerait.

112 Éd. originale : *Il est vrai.* Nous adoptons la correction faite dès 1666.

113 Très vite (futur immédiat).

114 Où la réalisation de cette promesse que vous venez de me donner.

ASCAGNE

C'est que j'ai de l'amour qui n'oserait paraître,
525   Et vous pourriez avoir sur l'objet de mes vœux
Un empire à pouvoir rendre mon sort heureux.

VALÈRE   [41]

Expliquez-vous, Ascagne, et croyez par avance
Que votre heur est certain, s'il est en ma puissance.

ASCAGNE

Vous promettez ici plus que vous ne croyez.

VALÈRE

530   Non, non ; dites l'objet pour qui vous m'employez.

ASCAGNE

Il n'est pas encor temps ; mais c'est une personne
Qui vous touche de près.

VALÈRE

                    Votre discours m'étonne[115] ;
Plût à Dieu que ma sœur…

ASCAGNE

                    Ce n'est pas la saison
De m'expliquer, vous dis-je.

VALÈRE

                    Et pourquoi ?

ASCAGNE   [G iij] [42]
                    Pour raison.

---

115 *Étonner* : ébranler.

535   Vous saurez mon secret quand je saurai le vôtre.

VALÈRE

J'ai besoin pour cela de l'aveu[116] de quelque autre.

ASCAGNE

Ayez-le donc ; et lors nous expliquant nos vœux,
Nous verrons qui tiendra mieux parole des deux.

VALÈRE

Adieu ; j'en suis content[117].

ASCAGNE

                    Et moi content, Valère[118].

FROSINE

540   Il croit trouver en vous l'assistance d'un frère.

Scène 3   [43]
FROSINE, ASCAGNE, MARINETTE, LUCILE

LUCILE

C'en est fait ; c'est ainsi que je me puis venger ;
Et, si cette action a de quoi l'affliger,
C'est toute la douceur que mon cœur s'y propose[119].
Mon frère, vous voyez une métamorphose.
545   Je veux chérir Valère après tant de fierté[120],
Et mes vœux maintenant tournent de son côté.

---

116 *Aveu* : autorisation.
117 *Être content de* : agréer, consentir à.
118 Valère sort alors de scène.
119 Ces trois premiers vers sont prononcés à l'adresse de Marinette, Lucile
    ne se tournant vers Ascagne qu'à partir de 544 (« Mon frère »).
120 *Fierté* : insensibilité, rigueur d'une femme courtisée.

ASCAGNE

Que dites-vous, ma sœur ? comment ? courir au change !
Cette inégalité me semble trop étrange[121].

LUCILE

La vôtre me surprend avec plus de sujet :
550   De vos soins autrefois Valère était l'objet ;
Je vous ai vu pour lui m'accuser de caprice[122],
D'aveugle cruauté, d'orgueil, et d'injustice,
Et, quand je veux l'aimer, mon dessein vous déplaît,
Et je vous vois parler contre son intérêt.

ASCAGNE   [44]

555   Je le quitte, ma sœur, pour embrasser le vôtre :
Je sais qu'il est rangé dessous les lois d'un[123] autre,
Et ce serait un trait honteux à vos appas,
Si vous le rappeliez et qu'il ne revînt pas.

LUCILE

Si ce n'est que cela, j'aurai soin de ma gloire ;
560   Et je sais pour son cœur tout ce que j'en dois croire :
Il s'explique à mes yeux intelligiblement.
Ainsi, découvrez-lui, sans peur, mon sentiment ;
Ou, si vous refusez de le faire, ma bouche
Lui va faire savoir que son ardeur me touche.
565   Quoi ? mon frère, à ces mots vous restez interdit !

ASCAGNE

Ah ! ma sœur, si sur vous je puis avoir crédit,
Si vous êtes sensible aux prières d'un frère,

---

121 Cette inconstance (*inégalité*) me semble trop scandaleuse, trop choquante
(*étrange*).
122 *Caprice* : acte insensé.
123 Pour *une* autre (femme) ; Corneille et même Racine suivent encore cet usage.

Quittez un tel dessein, et n'ôtez point Valère
Aux vœux d'un jeune objet dont l'intérêt m'est cher,
570 Et qui sur ma parole a droit de vous toucher.
La pauvre infortunée aime avec violence ;
À moi seul de ses feux elle fait confidence,
Et je vois dans son cœur de tendres mouvements
À dompter[124] la fierté des plus durs sentiments.
575 Oui, vous auriez pitié de l'état de son âme,
Connaissant de quel coup vous menacez sa flamme,
Et je ressens si bien la douleur qu'elle aura,
Que je suis assuré, ma sœur, qu'elle en mourra,
Si vous lui dérobez l'amant qui peut lui plaire.   [45]
580 Éraste est un parti qui doit vous satisfaire ;
Et des feux mutuels...

LUCILE

Mon frère, c'est assez ;
Je ne sais point pour qui vous vous intéressez[125] ;
Mais, de grâce, cessons ce discours, je vous prie,
Et me laissez un peu dans quelque rêverie.

ASCAGNE

585 Allez, cruelle sœur, vous me désespérez,
Si vous effectuez vos desseins déclarés.

Scène 4   [H] [46]
MARINETTE, LUCILE

MARINETTE
La résolution, Madame, est assez prompte.

---

124 Capables de dompter.
125 Pour *s'intéresser*, voir *supra* la note au v. 504.

LUCILE

Un cœur ne pèse rien alors que l'on l'affronte[126] ;
Il court à sa vengeance, et saisit promptement
590   Tout ce qu'il croit servir à son ressentiment[127].
Le traître ! faire voir cette insolence extrême !

MARINETTE

Vous m'en voyez encor toute hors de moi-même ;
Et, quoique là-dessus je rumine sans fin,
L'aventure me passe[128] et j'y perds mon latin.
595   Car enfin, aux transports d'une bonne nouvelle,
Jamais cœur ne s'ouvrit d'une façon plus belle :
De l'écrit obligeant le sien tout transporté
Ne me donnait pas moins que de la déité ;
Et cependant jamais, à cet autre message,
600   Fille ne fut traitée avecque tant d'outrage.
Je ne sais, pour causer de si grands changements,
Ce qui s'est pu passer entre ces courts moments.

LUCILE   [47]

Rien ne s'est pu passer dont il faille être en peine,
Puisque rien ne le doit défendre de ma haine.
605   Quoi ! tu voudrais chercher hors de sa lâcheté[129]
La secrète raison de cette indignité !
Cet écrit malheureux dont mon âme s'accuse
Peut-il à son transport souffrir la moindre excuse[130] ?

---

126 Un cœur n'examine rien quand on le trompe.
127 Le *ressentiment* est le sentiment éprouvé en retour – ici la volonté de
    vengeance après la tromperie.
128 Me dépasse.
129 *Lâcheté* : action basse, indigne.
130 Je comprends : Éraste n'a aucune excuse d'avoir déchiré rageusement le
    billet d'amour écrit par Lucile (en I, 5).

MARINETTE

En effet ; je comprends que vous avez raison,
610   Et que cette querelle est pure trahison.
Nous en tenons, Madame ; et puis prêtons l'oreille
Aux bons chiens de pendards qui nous chantent
[merveille,
Qui pour nous accrocher feignent[131] tant de langueur ;
Laissons à leurs beaux mots fondre notre rigueur,
615   Rendons-nous à leurs vœux, trop faibles que nous
[sommes.
Foin de notre sottise, et peste soit des hommes !

LUCILE

Eh bien, bien ; qu'il s'en vante, et rie à nos dépens ;
Il n'aura pas sujet d'en triompher longtemps ;
Et je lui ferai voir qu'en une âme bien faite
620   Le mépris suit de près la faveur qu'on rejette.

MARINETTE

Au moins, en pareil cas, est-ce un bonheur bien doux
Quand on sait qu'on n'a point d'avantage sur vous. [48]
Marinette eut bon nez, quoi qu'on en puisse dire,
De ne permettre rien un soir qu'on voulait rire.
625   Quelque autre, sous espoir de matrimonion[132],
Aurait ouvert l'oreille à la tentation[133] ;
Mais moi, *nescio vos*[134].

---

131 L'original *feignant* est bien à corriger.
132 C'est le *matrimonium*, le mariage. La graphie *matrimonion* s'explique par
     la prononciation courante alors de la finale.
133 Diérèse.
134 « Je ne vous connais pas ». Cette formule latine, qui est aussi dans
     l'Évangile, était courante.

LUCILE

Que tu dis de folies,
Et choisis mal ton temps pour de telles saillies[135] !
Enfin je suis touchée au cœur sensiblement,
630   Et, si jamais celui de ce perfide amant
Par un coup de bonheur, dont j'aurais tort, je pense,
De vouloir à présent concevoir l'espérance
(Car le Ciel a trop pris plaisir à m'affliger,
Pour me donner celui de me pouvoir venger),
635   Quand, dis-je, par un sort à mes désirs propice,
Il reviendrait m'offrir sa vie en sacrifice,
Détester à mes pieds l'action d'aujourd'hui,
Je te défens surtout de me parler pour lui.
Au contraire, je veux que ton zèle s'exprime
640   À me bien mettre aux yeux la grandeur de son crime,
Et même, si mon cœur était pour lui tenté
De descendre jamais à quelque lâcheté,
Que ton affection me soit alors sévère,
Et tienne comme il faut la main à ma colère.

MARINETTE

645   Vraiment, n'ayez point peur, et laissez faire à nous ;
J'ai pour le moins autant de colère que vous ;
Et je serai plutôt fille toute ma vie,
Que mon gros traître aussi me redonnât envie.
S'il vient…

Scène 5   [49]
MARINETTE, LUCILE, ALBERT

ALBERT

Rentrez, Lucile, et me faites venir

---

135 *Saillie* : impétuosité.

650 Le précepteur ; je veux un peu l'entretenir,
     Et m'informer de lui qui me gouverne[136] Ascagne,
     S'il sait point quel ennui depuis peu l'accompagne.
                 (Il continue seul.)
     En quel gouffre de soins et de perplexité[137]
     Nous jette une action faite sans équité !
655 D'un enfant supposé par mon trop d'avarice
     Mon cœur depuis longtemps souffre bien le supplice[138],
     Et, quand je vois les maux où je me suis plongé,
     Je voudrais à ce bien n'avoir jamais songé.
     Tantôt je crains de voir, par la fourbe éventée,
660 Ma famille en opprobre et misère jetée ;
     Tantôt, pour ce fils-là[139], qu'il me faut conserver,
     Je crains cent accidents qui peuvent arriver.
     S'il advient que dehors quelque affaire m'appelle,
     J'appréhende au retour cette triste nouvelle :
665 « Las ! vous ne savez pas ? vous l'a-t-on annoncé ?
     Votre fils a la fièvre, ou jambe, ou bras cassé. »
     Enfin, à tous moments, sur quoi que je m'arrête,
     Cent sortes de chagrins[140] me roulent par la tête[141].
     Ha !

                    Scène 6   [I] [50]
               ALBERT, MÉTAPHRASTE

                    MÉTAPHRASTE
     Mandatum tuum curo diligenter[142].

---

136 *Gouverner*, c'est diriger, ici être le précepteur de.
137 *Soins* : soucis. *Perplexité* : irrésolution due à de graves embarras.
138 Albert souffre de la substitution d'enfants, action injuste commise par
    avarice.
139 Albert ignore toujours qu'Ascagne est une fille déguisée en garçon.
140 Toujours le sens fort de *chagrin* (malaise, inquiétudes).
141 Monologue inspiré de *L'Interesse*, I, 1 et IV, 2.
142 « J'obéis avec empressement à ton ordre ».

ALBERT

670   Maître, j'ai voulu…

MÉTAPHRASTE

Maître est dit *a magister,*
C'est comme qui dirait trois fois plus grand[143].

ALBERT

Je meure[144],
Si je savais cela. Mais, soit ; à la bonne heure.
Maître, donc…

MÉTAPHRASTE

Poursuivez !

ALBERT   [51]

Je veux poursuivre aussi ;
Mais ne poursuivez point, vous, d'interrompre ainsi.
675   Donc, encore une fois, maître – c'est la troisième –,
Mon fils me rend chagrin ; vous savez que je l'aime,
Et que soigneusement je l'ai toujours nourri.

MÉTAPHRASTE

Il est vrai : *Filio non potest praeferri*
Nisi filius[145].

ALBERT

Maître, en discourant ensemble,

---

143 Étymologie fantaisiste et plaisante, à partir de *magis* (« plus grand ») et
    ter (« trois fois »). D'ailleurs, dans certaines éditions, on a écrit *magis ter,*
    en deux mots.
144 Subjonctif : que je meure !
145 « À un fils ne peut être préféré qu'un fils » (précepte de droit féodal). La
    formule est déjà chez Quintilien. – *Nourrir,* c'est ici éduquer.

680 Ce jargon n'est pas fort nécessaire, me semble ;
     Je vous crois grand latin[146] et grand docteur juré[147] ;
     Je m'en rapporte à ceux qui m'en ont assuré ;
     Mais, dans un entretien qu'avec vous je destine[148]
     N'allez point déployer toute votre doctrine,
685 Faire le pédagogue, et cent mots me cracher,
     Comme si vous étiez en chaire pour prêcher.
     Mon père, quoiqu'il eût la tête des meilleures,
     Ne m'a jamais rien fait apprendre que mes heures,
     Qui, depuis cinquante ans dites journellement,
690 Ne sont encor pour moi que du haut allemand[149].
     Laissez donc en repos votre science auguste,
     Et que votre langage à mon faible[150] s'ajuste.

                    MÉTAPHRASTE
     Soit.

                    ALBERT   [I ij] [52]
          À mon fils, l'hymen semble lui faire peur,
          Et, sur quelque parti que je sonde son cœur,
695   Pour un pareil lien il est froid, et recule.

                    MÉTAPHRASTE
          Peut-être a-t-il l'humeur du frère de Marc Tulle,

---

146 Grand latiniste. *Cf.* FUR. : « On dit qu'un homme est *bon latin* pour
    dire qu'il parle bien le latin ».
147 *Docteur juré* est une expression plutôt rare, peut-être fabriquée comme
    écolier juré de l'université.
148 Je projette, je me propose.
149 C'est-à-dire un langage incompréhensible (le *haut allemand* était devenu
    la langue littéraire de l'Allemagne). On notera donc que le pieux Albert
    lit quotidiennement son livre d'heures, où se trouvent les prières des
    diverses heures canoniales en latin, comme tout le bréviaire – et sans y
    rien comprendre !
150 À ma faiblesse.

Dont avec Atticus le même fait sermon,
Et comme aussi les Grecs disent *Atanaton*[151]...

ALBERT

Mon Dieu, maître éternel, laissez-là, je vous prie,
700   Les Grecs, les Albanais, avec l'Esclavonie[152]
Et tous ces autres gens dont vous venez parler ;
Eux et mon fils n'ont rien ensemble à démêler.

MÉTAPHRASTE

Eh bien, donc ? votre fils ?

ALBERT

             Je ne sais si dans l'âme
Il ne sentirait point une secrète flamme.
705   Quelque chose le trouble, ou je suis fort déçu[153],
Et je l'aperçus hier, sans en être aperçu,
Dans un recoin du bois où nul ne se retire.

MÉTAPHRASTE   [53]

Dans un lieu reculé du bois, voulez-vous dire ;
Un endroit écarté, *latine : secessus*[154] ;
710   Virgile l'a dit : *Est in secessu locus*[155]...

---

151 Métaphraste étale son érudition. *Marc Tulle* est Cicéron (en latin : *Marcus
     Tullius Cicero*), qui relate dans ses *Lettres à Atticus* les démêlés conjugaux de
     son frère Quintus, lequel passe pour l'auteur d'un quatrain misogyne. *Fait
     sermon* est la simple transcription du latin *facit sermonem* (« s'entretenir »).
     Quant à *Athanaton*..., c'est le premier mot d'un proverbe grec, tout aussi
     misogyne : « c'est un *immortel* fléau inévitable que la femme » (note érudite
     de l'édition 2010 du Molière de la Pléiade, t. I, n. 20, p. 1327).
152 *L'Esclavonie* ou Slavonie est une plaine agricole de Croatie, drainée par
     la Save, la Drave et le Danube. De l'empire romain jusqu'à la fin du
     Moyen Âge, l'Esclavonie était un réservoir d'esclaves.
153 *Décevoir* : tromper.
154 « En latin : *secessus* ». *Secessus* : retraite, lieu écarté.
155 *Énéide*, chant 1, vers 159 : « Il y a un lieu écarté... ».

ALBERT

Comment aurait-il pu l'avoir dit, ce Virgile ?
Puisque je suis certain, que dans ce lieu tranquille
Âme du monde enfin n'était lors que nous deux.

MÉTAPHRASTE

Virgile est nommé là comme un auteur fameux
715   D'un terme plus choisi que le mot que vous dites,
Et non comme témoin de ce qu'hier[156] vous vîtes.

ALBERT

Et moi, je vous dis, moi, que je n'ai pas besoin
De terme plus choisi, d'auteur ni de témoin,
Et qu'il suffit ici de mon seul témoignage.

MÉTAPHRASTE

720   Il faut choisir pourtant les mots mis en usage
Par les meilleurs auteurs : *tu, vivendo, bonos,*
Comme on dit, *scribendo, sequare peritos*[157].

ALBERT

Homme, ou démon, veux-tu m'entendre sans
                                            [conteste[158] ?

MÉTAPHRASTE   [I iij] [54]

Quintilien en fait le précepte.

ALBERT

                            La peste

---

156 Orig. : *ce que hier.*
157 Métaphraste crache encore en latin une sentence (« Toi, dans ta vie, suis
les gens de bien ; pour écrire, suis les bons écrivains ») qu'il attribue
faussement à Quintilien et qui se trouvait dans le manuel de grammaire
de Despautère, classique alors de la pédagogie du latin.
158 Sans contestation, sans discussion.

725   Soit du causeur !

MÉTAPHRASTE
                    Et dit là-dessus doctement
Un mot, que vous serez bien aise assurément
D'entendre.

ALBERT
          Je serai le diable qui t'emporte,
Chien d'homme. Oh ! que je suis tenté d'étrange sorte
De faire sur ce mufle une application !

MÉTAPHRASTE
730   Mais qui[159] cause, Seigneur, votre inflammation[160] ?
Que voulez-vous de moi ?

ALBERT
                    Je veux que l'on m'écoute,
Vous ai-je dit vingt fois, quand je parle.

MÉTAPHRASTE
                    Ah ! Sans doute,
Vous serez satisfait, s'il ne tient qu'à cela.   [55]
Je me tais.

ALBERT
          Vous ferez sagement.

MÉTAPHRASTE
                    Me voilà
735   Tout prêt de vous ouïr.

---

159 Mais qu'est-ce qui.
160 *Inflammation* : colère, emportement.

ALBERT
Tant mieux.

MÉTAPHRASTE
                                      Que je trépasse,
Si je dis plus mot.

ALBERT
Dieu vous en fasse la grâce.

MÉTAPHRASTE
Vous n'accuserez point mon caquet désormais.

ALBERT
Ainsi soit-il !

MÉTAPHRASTE
Parlez quand vous voudrez !

ALBERT
                                      J'y vais.

MÉTAPHRASTE   [56]
Et n'appréhendez plus l'interruption nôtre[161].

ALBERT
740   C'est assez dit.

MÉTAPHRASTE
Je suis exact plus qu'aucun autre.

---

161 L'inversion du possessif et la diérèse sur le long *interruption* donnent une
jolie couleur pédante au propos.

ALBERT

Je le crois.

MÉTAPHRASTE

J'ai promis que je ne dirais rien.

ALBERT

Suffit !

MÉTAPHRASTE

Dès à présent je suis muet.

ALBERT

Fort bien.

MÉTAPHRASTE

Parlez, courage ! au moins, je vous donne audience ;
Vous ne vous plaindrez pas de mon peu de silence,
745   Je ne desserre pas la bouche seulement.

ALBERT   [57]

Le traître !

MÉTAPHRASTE

Mais, de grâce, achevez vitement ;
Depuis longtemps j'écoute, il est bien raisonnable
Que je parle à mon tour.

ALBERT

Donc, bourreau détestable…

MÉTAPHRASTE

Hé ! bon Dieu ! voulez-vous que j'écoute à jamais ?
750   Partageons le parler, au moins, ou je m'en vais.

ALBERT

Ma patience est bien…

MÉTAPHRASTE

                    Quoi ! voulez-vous poursuivre ?
Ce n'est pas encor fait ? *Per Jovem*[162], je suis ivre.

ALBERT

Je n'ai pas dit…

MÉTAPHRASTE

                    Encor ! bon Dieu ! que de discours !
Rien n'est-il suffisant d'en arrêter le cours ?   [K] [58]

ALBERT

755   J'enrage.

MÉTAPHRASTE

                    Derechef ? oh ! l'étrange torture !
Hé ! Laissez-moi parler un peu, je vous conjure ;
Un sot qui ne dit mot ne se distingue pas
D'un savant qui se tait.

ALBERT, *s'en allant.*
                    Parbleu, tu te tairas !

MÉTAPHRASTE

D'où vient fort à propos cette sentence expresse
760   D'un philosophe : « Parle, afin qu'on te connaisse[163] ».
Doncques, si de parler le pouvoir m'est ôté,

---

162 Par Jupiter.

163 La nouvelle édition de la Pléiade (t. I, n. 24, p. 1327-1328) a repéré l'origine
de ce proverbe, attribué à Socrate et fort utilisé par les humanistes (en
latin : « *Loquere ut te videam* »).

Pour moi, j'aime autant perdre aussi l'humanité,
Et changer mon essence en celle d'une bête.
Me voilà pour huit jours avec un mal de tête.
765   Oh ! que les grands parleurs sont par moi détestés !
Mais quoi ! si les savants ne sont point écoutés,
Si l'on veut que toujours ils aient la bouche close,
Il faut donc renverser l'ordre de chaque chose[164] :
Que les poules dans peu dévorent les renards,
770   Que les jeunes enfants remontrent[165] aux vieillards,
Qu'à poursuivre les loups les agnelets s'ébattent,
Qu'un fou fasse les lois, que les femmes combattent,
Que par les criminels les juges soient jugés,
Et par les écoliers les maîtres fustigés[166],   [59]
775   Que le malade au sain présente le remède,
Que le lièvre craintif…Miséricorde ! à l'aide !
        (Albert lui vient sonner aux oreilles
           une cloche qui le fait fuir.)

           Fin du second Acte.

---

164 Métaphraste va se lancer dans une énumération copieuse d'« impossi-
     bilités » (en grec : *adunata*), selon la rhétorique de l'amplification.
165 Adressent des remontrances.
166 Fouettés.

ACTE III   [60]

Scène PREMIÈRE

MASCARILLE

Le Ciel parfois seconde un dessein téméraire,
Et l'on sort comme on peut d'une méchante affaire.
Pour moi, qu'une imprudence a trop fait discourir,
780   Le remède plus prompt[167] où j'ai su recourir,
C'est de pousser ma pointe[168], et dire en diligence
À notre vieux patron[169] toute la manigance[170].
Son fils qui m'embarrasse est un évaporé ;
L'autre, diable ! disant ce que j'ai déclaré,
785   Gare une irruption sur notre friperie[171] !
Au moins, avant qu'on puisse échauffer sa furie,
Quelque chose de bon nous pourra succéder[172],
Et les vieillards entre eux se pourront accorder.
C'est ce qu'on va tenter ; et de la part du nôtre,
790   Sans perdre un seul moment, je m'en vais trouver
                                   [l'autre[173].

---

167 Le plus prompt.

168 *Pousser sa pointe*, c'est persévérer dans une entreprise, la mener à son
terme.

169 Mot bas et burlesque, venu de l'italien *padrone*, pour désigner le maître
du logis, dit RIC.

170 Dans *L'Interesse*, la confidence au père se fait sur scène en III, 5.

171 Gare aux coups de bâtons sur nos habits (*friperie*), notre dos ! « On dit
proverbialement se jeter sur la friperie de quelqu'un pour dire le battre,
le tirailler, lui déchirer ses habits » (FUR.).

172 Arriver.

173 Valet chez Polydore, Mascarille va donc frapper à la porte d'Albert,
l'autre vieillard, qui commence par lui fermer la porte au nez.

Scène 2   [61]

MASCARILLE, ALBERT

ALBERT

Qui frappe ?

MASCARILLE

Amis.

ALBERT

                    Ho ! ho ! qui[174] te peut amener ?
Mascarille.

MASCARILLE

            Je viens, Monsieur, pour vous donner
Le bonjour.

ALBERT

            Ah ! vraiment, tu prends beaucoup de peine !
De tout mon cœur, bonjour[175].

MASCARILLE

                        La réplique est soudaine.
795   Quel homme brusque[176] !   [L] [62]

ALBERT

                        Encor ?

---

174 Qu'est-ce qui.
175 Albert répond à la salutation de Mascarille et lui renvoie un *bonjour* qui
     signifie en réalité *Au revoir*. Et le jeu va se répéter : Albert veut rentrer
     chez lui et Mascarille doit recommencer.
176 Albert venant de lui fermer la porte au nez, Mascarille fait sa réflexion *a
     parte* ; puis il frappe à nouveau à la porte. Le jeu de scène va se répéter :
     à chaque fois Albert s'en va, et Mascarille tente de le rappeler, de le
     rattraper.

MASCARILLE

Vous n'avez pas ouï,
Monsieur.

ALBERT

Ne m'as-tu pas donné le bonjour ?

MASCARILLE

Oui.

ALBERT

Eh bien, bonjour, te dis-je.

MASCARILLE

Oui ; mais je viens encore
Vous saluer au nom du Seigneur Polydore.

ALBERT

Ah ! c'est un autre fait. Ton maître t'a chargé
800   De me saluer ?

MASCARILLE
Oui.

ALBERT

Je lui suis obligé ;
Va, que[177] je lui souhaite une joie infinie.   [63]

MASCARILLE

Cet homme est ennemi de la cérémonie[178].
Je n'ai pas achevé, Monsieur, son compliment :

---

177 Va, dis-lui que.
178 Tout ce dialogue est transposé de *L'Inavvertito*, I, 7 ; et le v. 802 traduit
     O che huomo di poche ceremonie !

Il voudrait vous prier d'une chose instamment.

ALBERT

805   Eh bien ! quand il voudra je suis à son service.

MASCARILLE

Attendez, et souffrez qu'en deux mots je finisse.
Il souhaite un moment pour vous entretenir
D'une affaire importante, et doit ici venir.

ALBERT

Hé ? quelle est-elle encor l'affaire qui l'oblige
810   À me vouloir parler ?

MASCARILLE

                    Un grand secret, vous dis-je,
Qu'il vient de découvrir en ce même moment,
Et qui, sans doute[179], importe à tous deux grandement.
Voilà mon ambassade.

Scène 3   [L ij] [64]

ALBERT

                    Oh ! juste Ciel, je tremble !
Car enfin nous avons peu de commerce[180] ensemble.
815   Quelque tempête va renverser mes desseins,
Et ce secret sans doute est celui que je crains.
L'espoir de l'intérêt m'a fait quelque infidèle[181],
Et voilà sur ma vie une tache éternelle ;
Ma fourbe est découverte. Oh ! que la vérité

---

179 Sans aucun doute, assurément.
180 *Commerce* : relations, fréquentation.
181 Quelqu'un, par intérêt m'a été infidèle, m'a trahi.

820 Se peut cacher longtemps avec difficulté !
Et qu'il eût mieux valu pour moi, pour mon estime[182],
Suivre les mouvements d'une peur légitime,
Par qui je me suis vu tenté plus de vingt fois,
De rendre à Polydore un bien que je lui dois,
825 De prévenir l'éclat où ce coup-ci m'expose,
Et faire qu'en douceur passât toute la chose !
Mais, hélas ! c'en est fait, il n'est plus de saison ;
Et ce bien par la fraude entré dans ma maison
N'en sera point tiré, que dans cette sortie
830 Il n'entraîne du mien la meilleure partie.

Scène 4[183]   [65]

ALBERT, POLYDORE

POLYDORE[184]

S'être ainsi marié sans qu'on en ait su rien !
Puisse cette action se terminer à bien !
Je ne sais qu'en attendre, et je crains fort du père
Et la grande richesse, et la juste colère.
835 Mais je l'aperçois seul.

ALBERT
Dieu ! Polydore vient !

POLYDORE
Je tremble à l'aborder.

---

182 Pour l'estime qu'on me porte.
183 *Cf. L'Interesse*, IV, 2.
184 Polydore ne voit pas d'abord Albert.

ALBERT
             La crainte me retient.

POLYDORE
Par où lui débuter[185] ?

ALBERT   [L iij] [66]
             Quel sera mon langage ?

POLYDORE
Son âme est toute émue.

ALBERT
                      Il change de visage.

POLYDORE
Je vois, Seigneur Albert, au trouble de vos yeux,
840   Que vous savez déjà qui[186] m'amène en ces lieux.

ALBERT
Hélas ! oui.

POLYDORE
             La nouvelle a droit de vous surprendre,
Et je n'eusse pas cru ce que je viens d'apprendre.

ALBERT
J'en dois rougir de honte et de confusion.

POLYDORE
Je trouve condamnable une telle action,
845   Et je ne prétends point excuser le coupable.

---

185 *Débuter à quelqu'un* : débuter avec quelqu'un.
186 Ce qui.

ALBERT   [67]
Dieu fait miséricorde au pécheur misérable.

POLYDORE
C'est ce qui doit par vous être considéré.

ALBERT
Il faut être chrétien.

POLYDORE
                    Il est[187] très assuré.

ALBERT
Grâce, au nom de Dieu, grâce, ô Seigneur Polydore !

POLYDORE
850   Eh ! c'est moi qui de vous présentement l'implore.

ALBERT
Afin de l'obtenir je me jette à genoux[188].

POLYDORE
Je dois en cet état être plutôt que vous.

ALBERT
Prenez quelque pitié de ma triste aventure !

POLYDORE   [68]
Je suis le suppliant dans une telle injure[189].

---

187 C'est.
188 Molière avait effectivement imaginé que les deux vieillards se mettent
    à genoux l'un devant l'autre.
189 *Injure* : injustice, tort causé, dommage.

ALBERT

855   Vous me fendez le cœur avec cette bonté.

POLYDORE

Vous me rendez confus de tant d'humilité.

ALBERT

Pardon, encore un coup.

POLYDORE

Hélas ! pardon vous-même.

ALBERT

J'ai de cette action une douleur extrême.

POLYDORE

Et moi, j'en suis touché de même au dernier point.

ALBERT

860   J'ose vous convier qu'elle n'éclate point[190].

POLYDORE   [69]

Hélas ! Seigneur Albert, je ne veux autre chose.

ALBERT

Conservons mon honneur.

POLYDORE

Hé ! oui, je m'y dispose.

---

190 J'ose vous exhorter (*convier*) à ne pas rendre publique, à ne pas faire
éclater au jour cette action.

ALBERT

Quant au bien qu'il faudra, vous-même en résoudrez.

POLYDORE

Je ne veux de vos biens que ce que vous voudrez :
865   De tous ces intérêts je vous ferai le maître,
Et je suis trop content si vous le pouvez être.

ALBERT

Ah ! quel homme de Dieu ! quel excès de douceur !

POLYDORE

Quelle douceur, vous-même, après un tel malheur !

ALBERT

Que puissiez-vous avoir toutes choses prospères !

POLYDORE   [M] [70]
870   Le bon Dieu vous maintienne !

ALBERT

                              Embrassons-nous en
                                        [frères.

POLYDORE

J'y consens de grand cœur, et me réjouis fort
Que tout soit terminé par un heureux accord.

ALBERT

J'en rends grâces au Ciel.

POLYDORE

                              Il ne vous faut rien feindre,

Votre ressentiment me donnait lieu de craindre[191] ;
875   Et Lucile tombée en faute avec mon fils,
Comme on vous voit puissant, et de biens, et d'amis…

ALBERT

Heu ? que parlez-vous là de faute, et de Lucile ?

POLYDORE

Soit, ne commençons point un discours inutile.
Je veux bien que mon fils y trempe grandement,
880   Même, si cela fait à votre allègement,   [71]
J'avouerai qu'à lui seul en est toute la faute ;
Que votre fille avait une vertu trop haute
Pour avoir jamais fait ce pas contre l'honneur,
Sans l'incitation d'un méchant suborneur ;
885   Que le traître a séduit sa pudeur innocente,
Et de votre conduite ainsi détruit l'attente[192].
Puisque la chose est faite, et que selon mes vœux,
Un esprit de douceur nous met d'accord tous deux,
Ne ramentevons[193] rien, et réparons l'offense
890   Par la solennité d'une heureuse alliance.

ALBERT[194]

Ô Dieu, quelle méprise ! et qu'est-ce qu'il m'apprend ?
Je rentre ici d'un trouble en un autre aussi grand.
Dans ces divers transports je ne sais que répondre ;

---

191 Pour ne rien vous cacher (*feindre*), j'avais peur de vos sentiments, qui
peuvent être des sentiments d'hostilité (les deux sens de *ressentiment* –
sentiment en retour et hostilité – coexistent au XVIIᵉ siècle), à l'annonce
de ce mariage secret de votre fille.
192 Le séducteur a détruit ce que vous attendiez de l'éducation donnée à
votre fille, votre *attente*.
193 *Ramentevoir* : faire ressouvenir (mot vieilli, dit FUR.).
194 À part.

Et si je dis un mot, j'ai peur de me confondre[195].

POLYDORE

895   À quoi pensez-vous là, Seigneur Albert ?

ALBERT
                                        À rien !
Remettons, je vous prie, à tantôt l'entretien :
Un mal subit me prend, qui veut que je vous laisse.

Scène 5   [72]

POLYDORE
Je lis dedans son âme, et vois ce qui le presse.
À quoi que sa raison l'eût déjà disposé,
900   Son déplaisir n'est pas encore tout apaisé.
L'image de l'affront lui revient, et sa fuite
Tâche à me déguiser le trouble qui l'agite.
Je prends part à sa honte, et son deuil[196] m'attendrit.
Il faut qu'un peu de temps remette son esprit :
905   La douleur trop contrainte aisément se redouble.
Voici mon jeune fou d'où nous vient tout ce trouble.

Scène 6   [73]
POLYDORE, VALÈRE

POLYDORE
Enfin, le beau mignon, vos bons déportements[197]

---

195 *Se confondre* : se troubler, s'embrouiller.
196 Son chagrin.
197 *Déportement* désigne une conduite bonne ou mauvaise. Les *bons déporte-
     ments* de Polydore sont évidemment ironiques, car il fustige la mauvaise

Troubleront les vieux jours d'un père à tous moments;
Tous les jours vous ferez de nouvelles merveilles;
910   Et nous n'aurons jamais autre chose aux oreilles.

VALÈRE
Que fais-je tous les jours qui soit si criminel[198]?
En quoi mériter tant le courroux paternel?

POLYDORE
Je suis un étrange homme, et d'une humeur terrible,
D'accuser un enfant si sage et si paisible.
915   Las! il vit comme un saint, et dedans la maison
Du matin jusqu'au soir il est en oraison.
Dire qu'il pervertit l'ordre de la nature,
Et fait du jour la nuit, oh! la grande imposture!
Qu'il n'a considéré père ni parenté
920   En vingt occasions, horrible fausseté!
Que de fraîche mémoire, un furtif[199] hyménée [N] [74]
À la fille d'Albert a joint sa destinée,
Sans craindre de la suite un désordre puissant,
On le prend pour un autre, et le pauvre innocent
925   Ne sait pas seulement ce que je lui veux dire!
Ah! chien, que j'ai reçu du Ciel pour mon martyre,
Te croiras-tu[200] toujours? et ne pourrai-je pas,
Te voir être une fois sage avant mon trépas?

VALÈRE, *seul*
D'où peut venir ce coup? mon âme embarrassée
930   Ne voit que Mascarille où jeter sa pensée.

---

conduite de son fils.
198 Qui soit une faute (*crime* : tache, faute grave).
199 Secret.
200 *Se croire* : avoir confiance en soi, ne croire qu'en soi.

Il ne sera pas homme à m'en faire un aveu ;
Il faut user d'adresse, et me contraindre un peu
Dans ce juste courroux.

Scène 7[201]   [75]

MASCARILLE, VALÈRE

VALÈRE
             Mascarille, mon père
Que je viens de trouver sait toute notre affaire.

MASCARILLE

935   Il la sait ?

VALÈRE
     Oui.

MASCARILLE
             D'où, diantre, a-t-il pu la savoir ?

VALÈRE
Je ne sais point sur qui ma conjecture[202] asseoir ;
Mais enfin d'un succès[203] cette affaire est suivie
Dont j'ai tous les sujets d'avoir l'âme ravie.
Il ne m'en a pas dit un mot qui fût fâcheux ;
940   Il excuse ma faute, il approuve mes feux,
Et je voudrais savoir qui peut être capable
D'avoir pu rendre ainsi son esprit si traitable.
Je ne puis t'exprimer l'aise que j'en reçois.

---

201 *Cf. L'Interesse*, IV, 3.
202 L'original porte *conjoncture*, à corriger en *conjecture*.
203 D'un résultat.

MASCARILLE   [N ij] [76]

Et que me diriez-vous, Monsieur, si c'était moi

945   Qui vous eût[204] procuré cette heureuse fortune ?

VALÈRE

Bon, bon, tu voudrais bien ici m'en donner d'une[205].

MASCARILLE

C'est moi, vous dis-je, moi, dont le patron le sait,

Et qui vous ai produit ce favorable effet.

VALÈRE

Mais, là, sans te railler ?

MASCARILLE

                    Que le diable m'emporte,

950   Si je fais raillerie, et s'il n'est de la sorte !

VALÈRE

Et qu'il m'entraîne, moi, si tout présentement

Tu n'en vas recevoir le juste payement[206] !

MASCARILLE

Ah ! Monsieur, qu'est ceci ? je défends la surprise[207].

VALÈRE   [77]

C'est la fidélité que tu m'avais promise ?

955   Sans ma feinte, jamais tu n'eusses avoué

---

204 L'antécédent du relatif étant moi, on attendrait un verbe à la première
    personne du singulier et non à la troisième.
205 Me tromper.
206 Valère met l'épée à la main.
207 Pour ma défense, j'invoque la surprise, le fait que vous m'avez trompé,
    tendu un piège.

Le trait que j'ai bien cru que tu m'avais joué.
Traître, de qui la langue à causer trop habile
D'un père contre moi vient d'échauffer la bile,
Qui me perds tout à fait, il faut sans discourir
960   Que tu meures.

MASCARILLE
                    Tout beau; mon âme, pour mourir,
N'est pas en bon état. Daignez, je vous conjure,
Attendre le succès qu'aura cette aventure[208].
J'ai de fortes raisons qui m'ont fait révéler
Un hymen que vous-même aviez peine à celer;
965   C'était un coup d'État[209], et vous verrez l'issue
Condamner la fureur que vous avez conçue.
De quoi vous fâchez-vous? Pourvu que vos souhaits
Se trouvent par mes soins pleinement satisfaits,
Et voyent mettre à fin la contrainte où vous êtes?

VALÈRE
970   Et si tous ces discours ne sont que des sornettes?

MASCARILLE
Toujours serez-vous lors à temps pour me tuer.
Mais enfin mes projets pourront s'effectuer.
Dieu fera[210] pour les siens, et content dans la suite
Vous me remercierez de ma rare[211] conduite.

---

208 Le résultat de cette aventure.
209 Un coup d'État, selon les théoriciens de l'époque, n'a ni à se justifier, ni
   à suivre les règles morales (machiavélisme), mais vaut pour son résultat.
   Avec esprit, Mascarille justifie ainsi son action maladroite.
210 Agira.
211 *Rare* : de grand mérite.

VALÈRE

975   Nous verrons. Mais Lucile…

MASCARILLE

Halte ! son père sort.

Scène 8[212]   [N iij] [78]
VALÈRE, ALBERT, MASCARILLE

ALBERT

Plus je reviens du trouble où j'ai donné d'abord,
Plus je me sens piqué de ce discours étrange,
Sur qui ma peur prenait un si dangereux change[213] ;
Car Lucile soutient que c'est une chanson,
980   Et m'a parlé d'un air à m'ôter tout soupçon[214].
Ah ! Monsieur, est-ce vous, de qui l'audace insigne
Met en jeu mon honneur, et fait ce conte indigne ?

MASCARILLE

Seigneur Albert, prenez un ton un peu plus doux,
Et contre votre gendre ayez moins de courroux.

ALBERT

985   Comment gendre, coquin ? Tu portes bien la mine
De pousser les ressorts d'une telle machine[215],
Et d'en avoir été le premier inventeur.

---

212 Cf. L'Interesse, IV, 5.
213 La peur d'Albert, quand il a rencontré Polydore, s'était trompée :
     Polydore ne lui reprochait pas la malhonnête substitution d'enfants,
     comme Albert le craignait, mais venait lui annoncer le mariage secret
     de sa fille et s'en excuser.
214 Après 5 vers d'aparté, Albert s'adresse à Mascarille ; et il faut attendre
     pour que Valère intervienne dans le dialogue.
215 Machination.

MASCARILLE

Je ne vois ici rien à vous mettre en fureur.

ALBERT

Trouves-tu beau, dis-moi, de diffamer ma fille ?
990   Et faire un tel scandale[216] à toute une famille ?

MASCARILLE   [79]

Le voilà prêt de faire en tout vos volontés.

ALBERT

Que voudrais-je, sinon qu'il dît des vérités ?
Si quelque intention le pressait pour Lucile,
La recherche en pouvait être honnête et civile :
995   Il fallait l'attaquer du côté du devoir,
Il fallait de son père implorer le pouvoir,
Et non pas recourir à cette lâche feinte,
Qui porte à la pudeur une sensible atteinte.

MASCARILLE

Quoi ! Lucile n'est pas sous des liens secrets
1000   À mon maître ?

ALBERT

Non, traître, et n'y sera jamais.

MASCARILLE

Tout doux ! et s'il est vrai que ce soit chose faite,
Voulez-vous l'approuver cette chaîne secrète ?

ALBERT

Et, s'il est constant, toi[217], que cela ne soit pas,

---

216 *Scandale* : affront.
217 Et s'il est avéré, certain, pour te répondre à toi.

Veux-tu te voir casser les jambes et les bras ?

VALÈRE   [80]
1005   Monsieur, il est aisé de vous faire paraître
       Qu'il dit vrai.

ALBERT
                    Bon, voilà l'autre encor, digne maître
       D'un semblable valet. Oh ! les menteurs hardis !

MASCARILLE
D'homme d'honneur[218], il est ainsi que je le dis.

VALÈRE
Quel serait notre but de vous en faire accroire ?

ALBERT[219]
1010   Ils s'entendent tous deux comme larrons en foire.

MASCARILLE
Mais venons à la preuve, et sans nous quereller ;
Faites sortir Lucile et la laissez parler.

ALBERT
Et si le démenti par elle vous en reste ?

MASCARILLE
Elle n'en fera rien, Monsieur, je vous proteste[220].
1015   Promettez à leurs vœux votre consentement,   [81]
       Et je veux m'exposer au plus dur châtiment,

---

218 Foi d'homme d'honneur peut s'abréger en D'homme d'honneur et même en
     D'honneur.
219 En aparté.
220 Protester : déclarer solennellement.

Si de sa propre bouche elle ne vous confesse,
Et la foi qui l'engage, et l'ardeur qui la presse.

ALBERT

Il faut voir cette affaire[221].

MASCARILLE

                    Allez, tout ira bien.

ALBERT

1020   Holà, Lucile, un mot.

VALÈRE

                    Je crains…

MASCARILLE

                              Ne craignez rien.

Scène 9[222]   [O] [82]
VALÈRE, ALBERT, MASCARILLE, LUCILE

MASCARILLE

Seigneur Albert, au moins, silence. Enfin, Madame,
Toute chose conspire au bonheur de votre âme,
Et Monsieur votre père, averti de vos feux,
Vous laisse votre époux, et confirme vos vœux,
1025   Pourvu que bannissant toutes craintes frivoles,
Deux mots de votre aveu confirment nos paroles.

---

221 Tandis qu'Albert va chercher Lucile, le maître et son valet restent seuls
     quelque instants.
222 Cf. L'Interesse, IV, 6.

LUCILE

Que me vient donc conter ce coquin assuré ?

MASCARILLE

Bon, me voilà déjà d'un beau titre honoré.

LUCILE

Sachons un peu, Monsieur, quelle belle saillie[223]

1030 Fait ce conte galant qu'aujourd'hui l'on publie.

VALÈRE

Pardon, charmant objet, un valet a parlé,
Et j'ai vu malgré moi notre hymen révélé.

LUCILE   [83]

Notre hymen ?

VALÈRE

       On sait tout, adorable Lucile,
Et vouloir déguiser est un soin inutile.

LUCILE

1035 Quoi ! l'ardeur de mes feux vous a fait mon époux ?

VALÈRE

C'est un bien qui me doit faire mille jaloux ;
Mais j'impute bien moins ce bonheur de ma flamme
À l'ardeur de vos feux qu'aux bontés de votre âme.
Je sais que vous avez sujet de vous fâcher,

1040 Que c'était un secret que vous vouliez cacher ;
Et j'ai de mes transports forcé la violence

---

223 *Saillie* : « emportement, extravagance » (FUR.).

À ne point violer votre expresse défense[224] ;
Mais…

MASCARILLE

Eh bien, oui ! c'est moi ; le grand mal que voilà !

LUCILE

Est-il une imposture égale à celle-là ?
1045   Vous l'osez soutenir en ma présence même,
        Et pensez m'obtenir par ce beau stratagème ?
        Oh ! le plaisant amant ! dont la galante ardeur
        Veut blesser mon honneur au défaut de mon cœur[225],
        Et que[226] mon père, ému de l'éclat[227] d'un sot conte,
1050   Paie avec mon hymen qui[228] me couvre de honte ![84]
        Quand tout contribuerait à votre passion,
        Mon père, les destins, mon inclination,
        On me verrait combattre, en ma juste colère,
        Mon inclination[229], les destins, et mon père,
1055   Perdre même le jour avant que de m'unir
        À qui par ce moyen aurait cru m'obtenir.
        Allez ; et si mon sexe, avecque bienséance,
        Se pouvait emporter à quelque violence[230],
        Je vous apprendrais bien à me traiter ainsi.

---

224 Comprendre : j'ai su jusqu'ici réprimer mon désir de publier notre
    mariage et pu obéir à votre défense de le révéler.
225 Comprendre : cet amant, faute d'être aimé de moi, veut faire croire que
    nous sommes mariés secrètement et ainsi espère obtenir que je l'épouserai
    pour réparer mon honneur.
226 Construire : le plaisant amant […] qui veut blesser mon honneur […]
    et qui veut que mon père […].
227 L'éclat : la divulgation, la révélation.
228 Celui qui.
229 Diérèse.
230 Diérèse.

VALÈRE

1060   C'en est fait, son courroux ne peut être adouci.

MASCARILLE

Laissez-moi lui parler. Eh ! Madame, de grâce,
À quoi bon maintenant toute cette grimace ?
Quelle est votre pensée ? et quel bourru[231] transport
Contre vos propres vœux vous fait raidir si fort ?

1065   Si monsieur votre père était homme farouche,
Passe ; mais il permet que la raison le touche,
Et lui-même m'a dit qu'une confession
Vous va tout obtenir de son affection.
Vous sentez, je crois bien, quelque petite honte

1070   À faire un libre aveu de l'amour qui vous dompte ;
Mais s'il vous a fait perdre un peu de liberté,
Par un bon mariage on voit tout rajusté ;
Et, quoi que l'on reproche au feu qui vous
                                    [consomme[232],
Le mal n'est pas si grand que de tuer un homme.

1075   On sait que la chair est fragile[233] quelquefois,
Et qu'une fille enfin n'est ni caillou ni bois.
Vous n'avez pas été sans doute la première,
Et vous ne serez pas, que je crois, la dernière.

LUCILE   [85]

Quoi ! vous pouvez ouïr ces discours effrontés !

1080   Et vous ne dites mot à ces indignités !

---

231 *Bourru* : extravagant.
232 *Consommer* et *consumer* sont encore confondus au XVIIe siècle, malgré
     Vaugelas.
233 « L'esprit est ardent mais la chair est faible », dit le Christ en agonie à
     ses disciples (Matthieu, 26, 41).

ALBERT

Que veux-tu que je die[234] ? une telle aventure
Me met tout hors de moi.

MASCARILLE

                            Madame, je vous jure
Que déjà vous devriez[235] avoir tout confessé.

LUCILE

Et quoi donc confesser ?

MASCARILLE

                    Quoi ? ce qui s'est passé
1085   Entre mon maître et vous ; la belle raillerie !

LUCILE

Et que s'est-il passé, monstre d'effronterie,
Entre ton maître et moi ?

MASCARILLE

                            Vous devez, que je crois,
En savoir un peu plus de nouvelles que moi,
Et pour vous cette nuit fut trop douce, pour croire
1090   Que vous puissiez si vite en perdre la mémoire.

LUCILE

C'est trop souffrir, mon père, un impudent valet[236].

---

234 Forme de *dise* ; voir au vers 1.
235 Deux syllabes.
236 Lucile quitte la scène en donnant un soufflet à Mascarille, qu'elle ne
    peut supporter (*souffrir*).

Scène 10[237]   [P] [86]
VALÈRE, MASCARILLE, ALBERT

MASCARILLE
Je crois qu'elle me vient de donner un soufflet.

ALBERT
Va, coquin, scélérat, sa main vient sur ta joue
De faire une action dont son père la loue.

MASCARILLE
1095 Et, nonobstant cela, qu'un diable en cet instant
M'emporte, si j'ai dit rien que de très constant !

ALBERT
Et, nonobstant cela, qu'on me coupe une oreille,
Si tu portes fort loin une audace pareille !

MASCARILLE
Voulez-vous deux témoins qui me justifieront ?

ALBERT
1100 Veux-tu deux de mes gens qui te bâtonneront ?

MASCARILLE   [87]
Leur rapport doit au mien donner toute créance.

ALBERT
Leurs bras peuvent du mien réparer l'impuissance.

MASCARILLE
Je vous dis que Lucile agit par honte ainsi.

---

237 Cf. *L'Interesse*, IV, 6.

ALBERT

Je te dis que j'aurai raison de tout ceci.

MASCARILLE

1105   Connaissez-vous Ormin, ce gros notaire habile ?

ALBERT

Connais-tu bien Grimpant[238], le bourreau de la ville ?

MASCARILLE

Et Simon, le tailleur jadis si recherché ?

ALBERT

Et la potence mise au milieu du marché ?

MASCARILLE

Vous verrez confirmer par eux cet hyménée.

ALBERT   [P ij] [88]

1110   Tu verras achever par eux ta destinée.

MASCARILLE

Ce sont eux qu'ils ont pris pour témoins de leur foi.

ALBERT

Ce sont eux qui dans peu me vengeront de toi.

MASCARILLE

Et ces yeux les ont vus[239] s'entre-donner parole.

---

238 Plaisant nom forgé par Molière, comme est forgé le nom du notaire.
239 Original *vu*, avec l'absence d'accord du participe passé, qui était possible.
     On rétablit d'ordinaire l'usage moderne.

ALBERT

Et ces yeux te verront faire la capriole[240].

MASCARILLE

1115   Et, pour signe, Lucile avait un voile noir.

ALBERT

Et, pour signe, ton front nous le fait assez voir[241].

MASCARILLE

Oh ! l'obstiné vieillard !

ALBERT

                   Oh ! le fourbe damnable !
Va, rends grâce à mes ans qui me font incapable
De punir sur-le-champ l'affront que tu me fais ;
1120   Tu n'en perds que l'attente, et je te le promets.

Scène 11   [89]

VALÈRE, MASCARILLE

VALÈRE

Eh bien ! ce beau succès que tu devais produire…

MASCARILLE

J'entends à demi-mot ce que vous voulez dire ;
Tout s'arme contre moi ; pour moi de tous côtés
Je vois coups de bâton et gibets apprêtés.

---

240 Autre forme possible au XVIIe siècle de *cabriole*. Il s'agit de la cabriole
     du pendu.
241 Ta mine patibulaire est le signe que tu seras pendu (*patibulaire* : destiné
     au gibet).

1125 Aussi, pour être en paix dans ce désordre[242] extrême,
Je me vais d'un rocher précipiter moi-même,
Si, dans le désespoir dont mon cœur est outré[243],
Je puis en rencontrer d'assez haut à mon gré.
Adieu, Monsieur.

                    VALÈRE
              Non, non ; ta fuite est superflue :
1130 Si tu meurs, je prétends que ce soit à ma vue.

                MASCARILLE
Je ne saurais mourir quand je suis regardé,
Et mon trépas ainsi se verrait retardé.

                    VALÈRE   [P iij] [90]
Suis-moi, traître, suis-moi ; mon amour en furie
Te fera voir si c'est matière à raillerie.

                MASCARILLE[244]
1135 Malheureux Mascarille ! à quels maux aujourd'hui
Te vois-tu condamné pour le péché d'autrui !

              Fin du troisième Acte.

---

242 *Désordre* : confusion, embarras.
243 *Outrer* : remplir exagérément, au sens propre ; au sens figuré, accabler,
excéder.
244 Il reste un moment seul, avant de suivre son maître.

ACTE IV   [91]

Scène PREMIÈRE
ASCAGNE, FROSINE

FROSINE

L'aventure est fâcheuse.

ASCAGNE

             Ah ! ma chère Frosine,
Le sort absolument a conclu ma[245] ruine :
Cette affaire, venue au point où la voilà,
1140   N'est pas assurément pour en demeurer là ;
Il faut qu'elle passe outre ; et Lucile, et Valère,
Surpris des nouveautés d'un semblable mystère,
Voudront chercher un jour dans ces obscurités,
Par qui[246] tous nos projets se verront avortés.
1145   Car, enfin, soit qu'Albert ait part au stratagème,
Ou qu'avec tout le monde on l'ait trompé lui-même,
S'il arrive une fois que mon sort éclairci
Mette ailleurs tout le bien dont le sien a grossi,
Jugez s'il aura lieu de souffrir ma présence :
1150   Son intérêt détruit me laisse à ma naissance[247] ;
C'est fait de sa tendresse, et, quelque sentiment   [92]
Où pour ma fourbe alors pût être mon amant,

---

245 Nous corrigeons l'original *la*, fautif.
246 Comprendre : Lucile et Valère chercheront, dans ces obscurités, une
    lumière (*un jour*), par laquelle, par l'effet de laquelle (*par qui*) nos projets
    échoueront.
247 Comprendre : quand Albert, qui avait machiné ou accepté la substitution
    d'enfant, sera au courant de la réalité et que l'héritage qu'il convoitait
    par ce biais lui échappera une fois mon identité de fille connue, je serai
    réduite à la simple fille de bouquetière que je suis.

Voudra-t-il avouer[248] pour épouse une fille
Qu'il verra sans appui de biens et de famille ?

FROSINE

1155   Je trouve que c'est là raisonné comme il faut ;
Mais ces réflexions[249] devaient venir plus tôt.
Qui vous a jusqu'ici caché cette lumière ?
Il ne fallait pas être une grande sorcière
Pour voir, dès le moment de vos desseins pour lui,
1160   Tout ce que votre esprit ne voit que d'aujourd'hui.
L'action le disait ; et dès que je l'ai sue,
Je n'en ai prévu guère une meilleure issue.

ASCAGNE

Que dois-je faire enfin ? mon trouble est sans pareil.
Mettez-vous en ma place, et me donnez conseil.

FROSINE

1165   Ce doit être à vous-même, en prenant votre place,
À me donner conseil dessus cette disgrâce ;
Car je suis maintenant vous, et vous êtes moi[250] ;
Conseillez-moi, Frosine, au point où je me vois.
Quel remède trouver ? dites, je vous en prie.

ASCAGNE

1170   Hélas ! ne traitez point ceci de raillerie ;
C'est prendre peu de part à mes cuisants ennuis[251]
Que de rire, et de voir les termes où j'en suis

---

248 *Avouer* : reconnaître.
249 Diérèse.
250 Comprendre : puisque je prends votre place (voyez le v. 1164) et vous,
   donc, la mienne, c'est à vous de me donner des conseils. La plaisanterie
   est quelque peu forcée.
251 Le sens fort du mot *ennuis* est renforcé encore par l'adjectif *cuisants*.

FROSINE   [93]

Non vraiment, tout de bon ; votre ennui m'est
                                         [sensible,
Et pour vous en tirer je ferais mon possible.
1175   Mais que puis-je après tout ? je vois fort peu de jour[252]
À tourner cette affaire au gré de votre amour.

ASCAGNE

Si rien ne peut m'aider, il faut donc que je meure.

FROSINE

Ah ! pour cela toujours il est assez bonne heure ;
La mort est un remède à trouver quand on veut,
1180   Et l'on s'en doit servir le plus tard que l'on peut.

ASCAGNE

Non, non, Frosine, non ; si vos conseils propices
Ne conduisent mon sort parmi ces précipices,
Je m'abandonne toute aux traits du désespoir.

FROSINE

Savez-vous ma pensée ? il faut que j'aille voir
1185   La[253]... Mais Éraste vient, qui pourrait nous distraire.
Nous pourrons en marchant parler de cette affaire ;
Allons, retirons-nous.

---

252 *Jour* : ici, moyen d'obtenir un résultat.
253 *La* désigne Ignès la bouquetière.

Scène 2   [Q] [94]
ÉRASTE, GROS-RENÉ

ÉRASTE
Encore rebuté ?

GROS-RENÉ
Jamais ambassadeur ne fut moins écouté :
À peine ai-je voulu lui porter la nouvelle
1190   Du moment d'entretien que vous souhaitiez d'elle,
Qu'elle m'a répondu, tenant son quant-à-moi[254] :
« Va, va ; je fais état de lui, comme de toi ;
Dis-lui qu'il se promène ! » ; et sur ce beau langage,
Pour suivre son chemin m'a tourné le visage ;
1195   Et Marinette aussi, d'un dédaigneux museau,
Lâchant un « Laisse-nous, beau valet de carreau[255] »,
M'a planté là comme elle, et mon sort et le vôtre
N'ont rien à se pouvoir reprocher l'un à l'autre.

ÉRASTE
L'ingrate ! recevoir avec tant de fierté[256]
1200   Le prompt retour d'un cœur justement emporté !
Quoi ! le premier transport d'un amour qu'on abuse
Sous tant de vraisemblance est indigne d'excuse ? [95]
Et ma plus vive ardeur en ce moment fatal
Devait être insensible au bonheur d'un rival ?
1205   Tout autre n'eût pas fait même chose en ma place ?
Et se fût moins laissé surprendre à tant d'audace ?

---

254 « On dit proverbialement se mettre sur le *quant-à-moi* pour dire faire
l'entendu » (FUR.). Marinette a pris une attitude de suffisance.
255 Homme de rien. « On dit pour mépriser quelqu'un que c'est un valet
de carreau » (FUR.).
256 *Fierté* : insensibilité, cruauté de la femme courtisée.

De mes justes soupçons suis-je sorti trop tard ?
Je n'ai point attendu de serments de sa part ;
Et, lorsque tout le monde encor ne sait qu'en croire,
1210 Ce cœur impatient lui rend toute sa gloire[257],
Il cherche à s'excuser, et le sien voit si peu
Dans ce profond respect la grandeur de mon feu ?
Loin d'assurer une âme, et lui fournir des armes
Contre ce qu'un rival lui veut donner d'alarmes,
1215 L'ingrate m'abandonne à mon jaloux transport,
Et rejette de moi message, écrit, abord[258] ?
Ah ! sans doute, un amour a peu de violence,
Qu'est capable d'éteindre une si faible offense,
Et ce dépit si prompt à s'armer de rigueur
1220 Découvre assez pour moi tout le fond de son cœur,
Et de quel prix doit être à présent à mon âme
Tout ce dont son caprice a pu flatter ma flamme[259].
Non, je ne prétends plus demeurer engagé
Pour un cœur, où je vois le peu de part que j'ai ;
1225 Et, puisque l'on témoigne une froideur extrême
À conserver les gens, je veux faire de même.

GROS-RENÉ

Et moi de même aussi : soyons tous deux fâchés,
Et mettons notre amour au rang des vieux péchés.
Il faut apprendre à vivre à ce sexe volage,
1230 Et lui faire sentir que l'on a du courage.
Qui souffre ses mépris les veut bien recevoir.

---

257 Comprendre : alors que les autres hésitent encore, mon cœur impatient
a pleinement innocenté Lucile. Diérèse sur *impatient*.
258 *Abord* : « l'accès qu'on donne aux personnes qui ont affaire à nous »
(FUR.).
259 Comprendre : tout ce qu'elle a fait pour entretenir mon amour dans son
illusion (*flatter*).

Si nous avions l'esprit de nous faire valoir,   [96]
Les femmes n'auraient pas la parole si haute.
Oh ! qu'elles nous sont bien fières par notre faute[260] !
1235 Je veux être pendu, si nous ne les verrions
Sauter à notre cou plus que nous ne voudrions[261],
Sans tous ces vils devoirs, dont la plupart des hommes
Les gâtent tous les jours dans le siècle où nous
                                    [sommes.

ÉRASTE

Pour moi, sur toute chose, un mépris me surprend ;
1240 Et, pour punir le sien par un autre aussi grand,
Je veux mettre en mon cœur une nouvelle flamme.

GROS-RENÉ

Et moi, je ne veux plus m'embarrasser de femme ;
À toutes je renonce, et crois, en bonne foi,
Que vous feriez fort bien de faire comme moi.
1245 Car, voyez-vous, la femme est, comme on dit, mon
                                    [maître,
Un certain animal difficile à connaître,
Et de qui la nature est fort encline au mal ;
Et comme un animal est toujours animal,
Et ne sera jamais qu'animal, quand sa vie
1250 Durerait cent mille ans, aussi, sans repartie,
La femme est toujours femme, et jamais ne sera
Que femme[262], tant qu'entier le monde durera.

---

260 C'est de notre faute si les femmes sont cruelles (*fières*) avec nous.
261 Deux syllabes.
262 Ce passage est traduit d'Érasme, *Éloge de la Folie*, chap. XVII (« [...] *ita mulier semper mulier est, hoc est stulta, quamcumque personam induxerit* ») ; mais le propos de Gros-René est tissé de plaisanteries misogynes traditionnelles.

D'où vient qu'un certain Grec dit que sa tête passe
Pour un sable mouvant[263] ; car, goûtez bien, de grâce,
1255   Ce raisonnement-ci, lequel est des plus forts :
Ainsi que la tête est comme le chef du corps[264],
Et que le corps sans chef est pire qu'une bête,
Si le chef n'est pas bien d'accord avec la tête,   [97]
Que tout ne soit pas bien réglé par le compas[265],
1260   Nous voyons arriver de certains embarras ;
La partie brutale[266] alors veut prendre empire
Dessus la sensitive, et l'on voit que l'un tire
À dia, l'autre à hurhaut ; l'un demande du mou,
L'autre du dur[267] ; enfin tout va sans savoir où :
1265   Pour montrer qu'ici-bas, ainsi qu'on l'interprète,
La tête d'une femme est comme la girouette[268]
Au haut d'une maison, qui tourne au premier vent.

---

263 Le Grec est de l'invention de Gros-René. Mais le thème de la femme
    muable est fort ancien, qui passe par Virgile et Pétrarque ; et le drama-
    turge Pichou, dans ses *Folies de Cardénio*, II, 2, avait utilisé l'image du
    sable mouvant (note de Georges Couton, dans son ancienne édition de
    la Pléiade).
264 Gros-René, qui va vite s'embrouiller et se casser le nez, comme le
    Sganarelle du *Dom Juan*, dans son « fort » raisonnement, commence
    par faire référence implicite à la comparaison de saint Paul, pour qui,
    de même que la tête (un sens du mot *chef*) dirige le corps, l'homme est
    le maître (autre sens du mot *chef*) de la femme.
265 *Par compas* : régulièrement, avec précaution.
266 L'école distinguait *la partie brutale* ou âme végétative (celle des plantes),
    la partie sensitive ou âme sensitive (celle des bêtes), et l'âme raisonnable
    et spirituelle, apanage de l'être humain. Gros-René (qui prononce *partie*
    en trois syllabes) ne semble voir en la femme que les deux premières
    parties, qui se combattent en elle, l'une tirant à gauche, *à dia,* l'autre
    à droite, *à hurhaut* (ce sont les cris des charretiers pour faire tourner les
    chevaux).
267 Évidente allusion grivoise sur le *dur* et le *mou*.
268 Deux syllabes.

C'est pourquoi le cousin Aristote[269] souvent
La compare à la mer ; d'où vient qu'on dit qu'au
[monde
1270 On ne peut rien trouver de si stable que l'onde.
Or, par comparaison – car la comparaison
Nous fait distinctement comprendre une raison ;
Et nous aimons bien mieux, nous autres gens d'étude,
Une comparaison qu'une similitude[270] –,
1275 Par comparaison donc, mon maître, s'il vous plaît,
Comme on voit que la mer, quand l'orage s'accroît,
Vient à se courroucer, le vent souffle, et ravage,
Les flots contre les flots font un remue-ménage
Horrible, et le vaisseau, malgré le nautonier[271],
1280 Va tantôt à la cave, et tantôt au grenier ;
Ainsi, quand une femme a sa tête fantasque,
On voit une tempête en forme de bourrasque,
Qui veut compétiter[272] par de certains... propos ;
Et lors un ...certain vent, qui par ... de certains flots,
1285 De ...certaine façon, ainsi qu'un banc de sable...
Quand ... les femmes enfin ne valent pas le diable.

ÉRASTE

C'est fort bien raisonner.

GROS-RENÉ   [R] [98]
Assez bien, Dieu merci.

---

269 *Le cousin* marque une familiarité burlesque, et d'ailleurs Aristote n'a
rien à voir avec ces lieux communs antiféministes.
270 Les dictionnaires du temps montrent que les deux termes étaient
communément confondus ; mais la rhétorique les distinguait anciennement.
271 Le *nautonier* (le matelot), terme noble, en décalage dans la bouche de
Gros-René.
272 Néologisme fabriqué sur *compétiteur* par Gros-René, qui tombe dans le
galimatias.

Mais je les vois, Monsieur, qui passent par ici.
Tenez-vous ferme, au moins.

ÉRASTE

            Ne te mets pas en peine.

GROS-RENÉ

1290   J'ai bien peur que ses yeux resserrent votre chaîne.

Scène 3   [99]
ÉRASTE, LUCILE, MARINETTE, GROS-RENÉ

MARINETTE

Je l'aperçois encor ; mais ne vous rendez point.

LUCILE

Ne me soupçonne pas d'être faible à ce point.

MARINETTE

Il vient à vous.

ÉRASTE

            Non, non ; ne croyez pas, Madame,
Que je revienne encor vous parler de ma flamme ;
1295   C'en est fait ; je me veux guérir, et connais bien
Ce que de votre cœur a possédé le mien.
Un courroux si constant pour l'ombre d'une offense
M'a trop bien éclairé de votre indifférence,
Et je dois vous montrer que les traits du mépris
1300   Sont sensibles surtout aux généreux esprits[273].

---

273 Aux esprits nobles et magnanimes.

Je l'avouerai, mes yeux observaient dans les vôtres
Des charmes qu'ils n'ont point trouvés dans tous
                                                [les autres,
Et le ravissement où j'étais de mes fers
Les aurait préférés à des sceptres offerts.   [R ij] [100]

1305 Oui, mon amour pour vous, sans doute, était extrême ;
Je vivais tout en vous ; et, je l'avouerai même,
Peut-être qu'après tout j'aurai, quoiqu'outragé,
Assez de peine encore à m'en voir dégagé.
Possible que²⁷⁴, malgré la cure qu'elle essaie²⁷⁵,

1310 Mon âme saignera longtemps de cette plaie,
Et qu'affranchi d'un joug qui faisait tout mon bien,
Il faudra se résoudre à n'aimer jamais rien.
Mais, enfin, il n'importe ; et puisque votre haine
Chasse un cœur tant de fois que l'amour vous ramène,

1315 C'est la dernière ici des importunités,
Que vous aurez jamais de mes vœux rebutés.

LUCILE

Vous pouvez faire aux miens la grâce tout entière,
Monsieur, et m'épargnez encor cette dernière.

ÉRASTE

Eh bien ! Madame, eh bien ! ils seront satisfaits :

1320 Je romps avecque vous, et j'y romps pour jamais,
Puisque vous le voulez ; que je perde la vie
Lorsque de vous parler je reprendrai l'envie !

LUCILE

Tant mieux, c'est m'obliger.

---

274 Peut-être que.
275 Orig. : *assaye. Cure* : soin, traitement.

ÉRASTE

          Non, non, n'ayez pas peur
Que je fausse parole[276]; eussé-je un faible cœur   [101]
1325 Jusques à n'en pouvoir effacer votre image,
      Croyez que vous n'aurez jamais cet avantage[277]
      De me voir revenir.

LUCILE

      Ce serait bien en vain.

ÉRASTE

Moi-même, de cent coups je percerais mon sein,
Si j'avais jamais fait cette bassesse insigne,
1330 De vous revoir, après ce traitement indigne.

LUCILE

Soit, n'en parlons donc plus.

ÉRASTE

          Oui, oui, n'en parlons plus.
Et pour trancher ici tous propos superflus,
Et vous donner, ingrate, une preuve certaine
Que je veux sans retour sortir de votre chaîne,
1335 Je ne veux rien garder qui puisse retracer
      Ce que de mon esprit il me faut effacer.
      Voici votre portrait; il présente à la vue
      Cent charmes merveilleux dont vous êtes pourvue,
      Mais il cache sous eux cent défauts aussi grands,
1340 Et c'est un imposteur enfin que je vous rends.

---

276 *Fausser parole*, c'est manquer à sa parole.
277 *Avantage* : privilège.

GROS-RENÉ

Bon.

LUCILE   [102]

Et moi, pour vous suivre au dessein de tout rendre,
Voilà le diamant que vous m'aviez fait prendre.

MARINETTE

Fort bien.

ÉRASTE

Il est à vous encor ce bracelet[278].

LUCILE

Et cette agate à vous, qu'on fit mettre en cachet.

ÉRASTE *lit*

1345   *Vous m'aimez d'une amour extrême,*
    Éraste, et de mon cœur voulez être éclairci ;
            Si je n'aime Éraste de même,
    Au moins, aimé-je fort qu'Éraste m'aime ainsi.

LUCILE
(Éraste continue.)

Vous m'assuriez par-là d'agréer mon service ?
1350   C'est une fausseté digne de ce supplice[279].

LUCILE *lit*

J'ignore le destin de mon amour ardente,
            Et jusqu'à quand je souffrirai ;

---

278 « Les amants tiennent à grande faveur d'avoir des *bracelets de cheveux* de
     leur maîtresse », explique FUR.
279 Jeux de scène évidents : après les avoir relues ou simplement montrées,
     Éraste et Lucile déchirent les lettres reçues du partenaire.

> *Mais je sais, ô beauté charmante,*   [103]
> *Que toujours je vous aimerai.*

ÉRASTE
(Elle continue.)

1355   Voilà qui m'assurait à jamais de vos feux ?
Et la main, et la lettre ont menti toutes deux.

GROS-RENÉ
Poussez.

ÉRASTE
Elle est de vous ? suffit : même fortune.

MARINETTE
Ferme.

LUCILE
J'aurais regret d'en épargner aucune.

GROS-RENÉ
N'ayez pas le dernier[280].

MARINETTE
Tenez-bon jusqu'au bout.

LUCILE
1360   Enfin, voilà le reste.

ÉRASTE
Et, grâce au Ciel, c'est tout.

---

280 Acad. renvoie à des jeux de main où *avoir le dernier* signifie être touché
le dernier, s'avouer vaincu et arrêter le jeu, ce que les joueurs refusent.
Gros-René encourage donc son maître à avoir le dessus pour finir, à
avoir lui le dernier mot et ne pas laisser le dernier mot à Lucile.

Que sois-je exterminé, si je ne tiens parole !   [104]

LUCILE
Me confonde le Ciel, si la mienne est frivole !

ÉRASTE
Adieu donc.

LUCILE
Adieu donc.

MARINETTE
Voilà qui va des mieux.

GROS-RENÉ
Vous triomphez.

MARINETTE
Allons, ôtez-vous de ses yeux.

GROS-RENÉ
1365 Retirez-vous, après cet effort de courage[281].

MARINETTE
Qu'attendez-vous encor ?

GROS-RENÉ
Que faut-il davantage ?

ÉRASTE
Ah ! Lucile, Lucile, un cœur comme le mien
Se fera regretter, et je le sais fort bien.

---

281 Après ce haut fait dû à votre courage.

LUCILE   [105]

Éraste, Éraste, un cœur fait comme est fait le vôtre
1370   Se peut facilement réparer par un autre.

ÉRASTE

Non, non, cherchez partout, vous n'en aurez jamais
De si passionné pour vous, je vous promets.
Je ne dis pas cela pour vous rendre attendrie ;
J'aurais tort d'en former encore quelque envie.
1375   Mes plus ardents respects n'ont pu vous obliger[282],
Vous avez voulu rompre ; il n'y faut plus songer.
Mais personne après moi, quoi qu'on vous fasse
                                   [entendre,
N'aura jamais pour vous de passion[283] si tendre.

LUCILE

Quand on aime les gens, on les traite autrement ;
1380   On fait de leur personne un meilleur jugement.

ÉRASTE

Quand on aime les gens, on peut de jalousie,
Sur beaucoup d'apparence, avoir l'âme saisie ;
Mais alors qu'on les aime, on ne peut en effet[284]
Se résoudre à les perdre, et vous, vous l'avez fait.

LUCILE

1385   La pure jalousie est plus respectueuse.

ÉRASTE   [S] [106]

On voit d'un œil plus doux une offense amoureuse.

---

282 *Obliger* : lier par un devoir, par un sentiment de reconnaissance.
283 Diérèse.
284 *En effet* : dans les faits, dans la réalité.

LUCILE

Non, votre cœur, Éraste, était mal enflammé.

ÉRASTE

Non, Lucile, jamais vous ne m'avez aimé.

LUCILE

Eh ! je crois que cela faiblement vous soucie[285].
1390   Peut-être en serait-il beaucoup mieux pour ma vie,
Si je …Mais laissons là ces discours superflus :
Je ne dis point quels sont mes pensers là-dessus.

ÉRASTE

Pourquoi ?

LUCILE

         Par la raison que nous rompons ensemble,
Et que cela n'est plus de saison, ce me semble.

ÉRASTE

1395   Nous rompons ?

LUCILE

              Oui vraiment. Quoi ? n'en est-ce
                                  [pas fait ?

ÉRASTE

Et vous voyez cela d'un esprit satisfait ?

LUCILE   [107]

Comme vous.

---

285 *Soucier*, au sens actif : affliger, chagriner.

ÉRASTE

Comme moi !

LUCILE

                    Sans doute c'est faiblesse,
De faire voir aux gens que leur perte nous blesse.

ÉRASTE

Mais, cruelle, c'est vous qui l'avez bien voulu.

LUCILE

1400   Moi ! point du tout ; c'est vous qui l'avez résolu.

ÉRASTE

Moi ! Je vous ai cru là faire un plaisir extrême.

LUCILE

Point, vous avez voulu vous contenter vous-même.

ÉRASTE

Mais, si mon cœur encor revoulait sa prison[286] ?
Si, tout fâché qu'il est, il demandait pardon ?...

LUCILE

1405   Non, non, n'en faites rien, ma faiblesse est trop grande,
J'aurais peur d'accorder trop tôt votre demande. [108]

ÉRASTE

Ah ! vous ne pouvez pas trop tôt me l'accorder,
Ni moi sur cette peur trop tôt le demander ;
Consentez-y, Madame : une flamme si belle,

---

286 L'allusion aux vers d'Horace (*Odes*, Livre III, 9, vers 17-18) ne me paraît
pas assurée. Le composé *revoulait* semble bien être un néologisme ici
introduit.

1410   Doit pour votre intérêt demeurer immortelle.
       Je le demande enfin : me l'accorderez-vous,
       Ce pardon obligeant ?

LUCILE

Remenez-moi chez nous.

Scène 4   [109]
MARINETTE, GROS-RENÉ

MARINETTE

Oh ! la lâche personne !

GROS-RENÉ

Ah ! le faible courage !

MARINETTE

J'en rougis de dépit.

GROS-RENÉ

J'en suis gonflé de rage.
1415   Ne t'imagine pas que je me rende ainsi.

MARINETTE

Et ne pense pas, toi, trouver ta dupe aussi.

GROS-RENÉ

Viens, viens frotter ton nez auprès de ma colère.

MARINETTE   [T] [110]

Tu nous prends pour un[287] autre ; et tu n'as pas affaire

_____

287 Voir la note au v. 556. 1682 donne *une*.

À ma sotte maîtresse. Ardez[288] le beau museau,
1420   Pour nous donner envie encore de sa peau !
Moi, j'aurais de l'amour pour ta chienne de face !
Moi, je te chercherais ! ma foi, l'on t'en fricasse
Des filles comme nous.

GROS-RENÉ

                              Oui ? tu le prends par là ?
Tiens, tiens, sans y chercher tant de façons, voilà
1425   Ton beau galant de neige, avec ta nonpareille[289] ;
Il n'aura plus l'honneur d'être sur mon oreille.

MARINETTE

Et toi, pour te montrer que tu m'es à mépris,
Voilà ton demi-cent d'épingles de Paris[290],
Que tu me donnas hier avec tant de fanfare[291].

GROS-RENÉ

1430   Tiens encor ton couteau ; la pièce est riche et rare :
Il te coûta six blancs[292] lorsque tu m'en fis don.

---

288 *Ardez* : abréviation populaire de regardez.

289 Imitation dégradée des maîtres : Marinette et Gros-René se rendent
leurs cadeaux, qui semblent d'assez modestes cadeaux. Les *galants* sont
des rubans qui ornent les habits ; la *neige* est une dentelle faite au métier,
de peu de valeur, précise FUR. La *nonpareille* est un ruban étroit. Gros-
René n'ornera plus son chapeau avec ces rubans.

290 Selon FUR., étaient surtout renommées les épingles d'Angleterre. Et les
épingles se vendaient au cent ou au millier. Pauvre cadeau, donc, qu'un
demi-cent !

291 *Fanfare* : démonstration tapageuse.

292 Acad. : « *Blanc* veut dire aussi une espèce de petite monnaie valant cinq
deniers ; mais en ce sens […] on ne s'en sert ordinairement qu'au pluriel,
au nombre de trois et de six ». Monnaie ancienne, donc, et de peu de
valeur.

MARINETTE

Tiens, tes ciseaux, avec ta chaîne de laiton.

GROS-RENÉ

J'oubliais d'avant-hier ton morceau de fromage ;
Tiens. Je voudrais pouvoir rejeter le potage   [111]
1435   Que tu me fis manger, pour n'avoir rien à toi.

MARINETTE

Je n'ai point maintenant de tes lettres sur moi ;
Mais j'en ferai du feu jusques à la dernière.

GROS-RENÉ

Et des tiennes tu sais ce que j'en saurai faire ?

MARINETTE

Prends garde à ne venir jamais me reprier.

GROS-RENÉ

1440   Pour couper tout chemin à nous rapatrier,
Il faut rompre la paille[293] ; une paille rompue
Rend, entre gens d'honneur, une affaire conclue.
Ne fais point les doux yeux ; je veux être fâché.

MARINETTE

Ne me lorgne point, toi ; j'ai l'esprit trop touché.

---

293 *Rompre la paille*, c'est se brouiller. À l'origine, il s'agissait d'un rite qui
se pratiquait lors de la cession d'un bien, entre les deux contractants
qui, alors, n'avaient plus rien à débattre entre eux. FUR., qui donne
l'explication historique, ajoute : « Depuis on s'est servi de cette phrase
pour dire rompre l'amitié et l'intelligence qui est entre deux personnes ».
La tradition scénique amusante voulait que Gros-René ramassât un brin
de paille et invitât Marinette à rompre effectivement la paille. Ce rite
serait pour eux le signe d'une rupture définitive.

GROS-RENÉ

1445   Romps ; voilà le moyen de ne s'en plus dédire.
Romps ; tu ris, bonne bête !

MARINETTE
                Oui, car tu me fais rire.

GROS-RENÉ   [T ij] [112]

La peste soit ton ris ! voilà tout mon courroux
Déjà dulcifié[294]. Qu'en dis-tu ? romprons-nous ?
Ou ne romprons-nous pas ?

MARINETTE
                Vois.

GROS-RENÉ
                    Vois, toi.

MARINETTE
                        Vois toi-même.

GROS-RENÉ

1450   Est-ce que tu consens que jamais je ne t'aime ?

MARINETTE
Moi ? ce que tu voudras.

GROS-RENÉ
                    Ce que tu voudras, toi.
Dis…

---

294 *Dulcifier* est un terme de chimie (ôter les sels d'un corps pour l'adoucir),
    employé ici au sens moral et avec une coloration burlesque.

MARINETTE
Je ne dirai rien.

GROS-RENÉ
Ni moi non plus.

MARINETTE
Ni moi.

GROS-RENÉ   [113]
Ma foi, nous ferons mieux de quitter la grimace ;
Touche, je te pardonne.

MARINETTE
Et moi je te fais grâce.

GROS-RENÉ
1455   Mon Dieu ! qu'à tes appas je suis acoquiné[295] !

MARINETTE
Que Marinette est sotte après son Gros-René !

Fin du quatrième Acte.

---

295 *Acoquiné à* : attaché à (terme familier).

ACTE V   [114]

Scène PREMIÈRE

MASCARILLE[296]

« Dès que l'obscurité régnera dans la ville,
Je me veux introduire au logis de Lucile :
Va vite de ce pas préparer pour tantôt,
1460   Et la lanterne sourde[297], et les armes qu'il faut. »
Quand il m'a dit ces mots, il m'a semblé d'entendre :
« Va vitement chercher un licou pour te pendre[298]. »
Venez-çà, mon patron (car, dans l'étonnement
Où m'a jeté d'abord un tel commandement,
1465   Je n'ai pas eu le temps de vous pouvoir répondre ;
Mais je vous veux ici parler, et vous confondre.
Défendez-vous donc bien, et raisonnons sans bruit[299]).
Vous voulez, dites-vous, aller voir cette nuit
Lucile ? « Oui, Mascarille. » Et que pensez-vous faire ?
1470   « Une action d'amant qui se veut satisfaire. »
Une action d'un homme à fort petit cerveau,
Que d'aller sans besoin risquer ainsi sa peau.
« Mais tu sais quel motif à ce dessein m'appelle :
Lucile est irritée. » Eh bien ! tant pis pour elle.
1475   « Mais l'amour veut que j'aille apaiser son esprit. »
Mais l'amour est un sot qui ne sait ce qu'il dit.
Nous garantira-t-il, cet amour, je vous prie,

---

296 Pour ce dialogue rapporté, *cf. L'Interesse*, I, 4.
297 Il est à croire que Mascarille est donc ici muni de cette lanterne sourde et
    qu'il s'en sert pour symboliser son maître dans le dialogue qu'il rapporte
    ensuite, comme Sosie se servira de sa lanterne sourde pour symboliser
    Alcmène dans le dialogue où il répète l'entrevue à venir (*Amphitryon*, I, 1).
298 Ce sont ici quelques vers de l'*Andrienne* de Térence, I, 5, qui sont repris.
299 Sans querelle.

D'un rival, ou d'un père, ou d'un frère en furie ? [115]

« Penses-tu qu'aucun d'eux songe à nous faire mal ? »

1480   Oui vraiment, je le pense, et surtout, ce rival.

« Mascarille, en tout cas, l'espoir où je me fonde[300],

Nous irons bien armés, et si quelqu'un nous gronde,

Nous nous chamaillerons[301]. » Oui, voilà justement

Ce que votre valet ne prétend nullement :

1485   Moi chamailler ! bon Dieu ! suis-je un Roland ?

[mon maître,

Ou quelque Ferragu[302] ? C'est fort mal me connaître.

Quand je viens à songer, moi qui me suis si cher,

Qu'il ne faut que deux doigts d'un misérable fer

Dans le corps, pour vous mettre un humain dans

[la bière,

1490   Je suis scandalisé d'une étrange manière[303].

« Mais tu seras armé de pied en cap. » Tant pis,

J'en serai moins léger à gagner le taillis[304] ;

Et de plus, il n'est point d'armure si bien jointe

Où ne puisse glisser une vilaine pointe.

1495   « Oh ! tu seras ainsi tenu pour un poltron. »

Soit, pourvu que toujours je branle le menton[305].

À table, comptez-moi, si vous voulez, pour quatre ;

Mais comptez-moi pour rien, s'il s'agit de se battre.

---

300 Ce segment correspond à une incise : nous irons bien armés, c'est l'espoir
     où je me fonde.

301 *Se chamailler* : « se battre contre un ennemi armé de toutes pièces, frapper
     réciproquement sur les armes les uns des autres » (FUR.).

302 En face du preux chrétien *Roland*, son rival le chevalier sarrasin *Ferragus*,
     qu'avait fait revivre l'Arioste dans son *Orlando furioso*.

303 D'une manière extraordinaire.

304 « On dit proverbialement *gagner le taillis* pour dire se mettre en lieu de
     sûreté, se cacher dans un bois épais » (FUR.).

305 Le *Dictionnaire comique* de Leroux définit ainsi l'expression : « manière
     de parler de débauché, qui signifie manger et boire ».

Enfin, si l'autre monde a des charmes pour vous,
1500 Pour moi, je trouve l'air de celui-ci fort doux ;
Je n'ai pas grande faim de mort ni de blessure,
Et vous ferez le sot tout seul, je vous assure.

                    Scène 2   [116]
                VALÈRE, MASCARILLE

                      VALÈRE
Je n'ai jamais trouvé de jour plus ennuyeux[306] :
Le soleil semble s'être oublié dans les cieux ;
1505 Et jusqu'au lit qui doit recevoir sa lumière,
Je vois rester encore une telle carrière[307],
Que je crois que jamais il ne l'achèvera,
Et que de sa lenteur mon âme enragera.

                    MASCARILLE
Et cet empressement pour s'en aller dans l'ombre,
1510 Pêcher vite à tâtons quelque sinistre encombre[308]...
Vous voyez que Lucile, entière en ses rebuts[309]...

                      VALÈRE
Ne me fais point ici de contes superflus.
Quand j'y devrais trouver cent embûches mortelles,
Je sens de son courroux des gênes[310] trop cruelles,
1515 Et je veux l'adoucir, ou terminer mon sort.
C'est un point résolu.

---

306 Sens fort, toujours, du mot *ennuyeux* : douloureux, insupportable.
307 Dans la mythologie, Hélios, le Soleil, parcourt le ciel sur un char de feu,
    depuis le pays des Indiens jusqu'à l'Océan ; tel est son trajet, sa *carrière*.
308 Le mot, qui signifie « obstacle », « accident », est vieilli au XVIIᵉ siècle.
309 En ses refus.
310 Des tortures.

MASCARILLE

J'approuve ce transport ;
Mais le mal est, Monsieur, qu'il faudra s'introduire [117]
En cachette.

VALÈRE

Fort bien.

MASCARILLE

Et j'ai peur de vous nuire.

VALÈRE

Et comment ?

MASCARILLE

Une toux me tourmente à mourir,
1520   Dont le bruit importun vous fera découvrir ;
De moment en moment... Vous voyez le supplice.

VALÈRE

Ce mal te passera, prends du jus de réglisse[311].

MASCARILLE

Je ne crois pas, Monsieur, qu'il se veuille passer.
Je serais ravi, moi, de ne vous point laisser ;
1525   Mais j'aurais un regret mortel, si j'étais cause
Qu'il fût à mon cher maître arrivé quelque chose.

---

311 FUR. explique qu'on guérit le rhume avec du jus de réglisse « dont il y
a de blanc, de gris et de noir ». Jeu de scène possible : Mascarille ayant
toussé, son maître lui tend de son remède.

Scène 3   [V] [118]
VALÈRE, LA RAPIÈRE, MASCARILLE

LA RAPIÈRE
Monsieur, de bonne part je viens d'être informé
Qu'Éraste est contre vous fortement animé ;
Et qu'Albert parle aussi de faire pour sa fille

1530   Rouer jambes et bras à votre Mascarille[312].

MASCARILLE
Moi, je ne suis pour rien dans tout cet embarras.
Qu'ai-je fait ? pour me voir rouer jambes et bras ?
Suis-donc gardien, pour employer ce style,
De la virginité des filles de la ville ?

1535   Sur la tentation ai-je quelque crédit[313] ?
Et puis-je mais[314], chétif, si le cœur leur en dit ?

VALÈRE
Oh ! qu'ils ne seront pas si méchants qu'ils le disent !
Et quelque belle ardeur que ses feux lui produisent,
Éraste n'aura pas si bon marché de nous[315].

LA RAPIÈRE
1540   S'il vous faisait besoin, mon bras est tout à vous.
Vous savez de tout temps que je suis un bon frère[316].

---

312 Sur le supplice de la roue, que Mascarille aurait mérité en accusant la
fille d'Albert d'un mariage secret, voir la note au v. 1552.

313 Ai-je quelque influence (*crédit*), moi qui ne suis qu'un modeste valet
(*chétif*), sur les tentations, les désirs amoureux des jeunes gens ?

314 *Ne pouvoir mais, N'en pouvoir mais* : construction familière pour « être réduit
à l'impuissance ». « Y puis-je quelque chose ? », se défend Mascarille.

315 *Avoir bon marché de quelqu'un* : venir facilement à bout de lui.

316 *Un bon frère* n'abandonne pas ses compagnons (ici son compagnon
d'armes).

VALÈRE   [119]
Je vous suis obligé, Monsieur de La Rapière.

LA RAPIÈRE
J'ai deux amis aussi que je vous puis donner,
Qui contre tous venants sont gens à dégainer,
1545 Et sur qui vous pourrez prendre toute assurance.

MASCARILLE
Acceptez-les, Monsieur.

VALÈRE
                    C'est trop de complaisance.

LA RAPIÈRE
Le petit Gille encore eût pu nous assister,
Sans le triste accident qui vient de nous l'ôter.
Monsieur, le grand dommage! et l'homme de service!
1550 Vous avez su le tour que lui fit la justice?
Il mourut en César, et lui cassant les os
Le bourreau ne lui put faire lâcher deux mots[317].

VALÈRE
Monsieur de La Rapière, un homme de la sorte
Doit être regretté; mais, quant à votre escorte,
1555 Je vous rends grâce[318].

---

317 Le petit Gille devait être quelque assassin, condamné à la roue, roué
      – c'est-à-dire qu'on l'a laissé mourir sur une roue après lui avoir brisé
      bras et jambe; malgré les douleurs du supplice, il n'avoua rien et ne
      trahit personne. C'est ce supplice que dit craindre le poltron Mascarille
      au v. 1532.
318 Je vous en remercie, mais je ne l'accepte pas.

LA RAPIÈRE   [120]
Soit ; mais soyez averti
Qu'il vous cherche, et vous peut faire un mauvais
[parti.

VALÈRE
Et moi, pour vous montrer combien je l'appréhende,
Je lui veux, s'il me cherche, offrir ce qu'il demande,
Et par toute la ville aller présentement,
1560 Sans être accompagné que de lui[319] seulement.

MASCARILLE
Quoi ! Monsieur, vous voulez tenter Dieu ! quelle
[audace !
Las ! vous voyez tous deux comme l'on vous[320] menace,
Combien de tous côtés...

VALÈRE
Que regardes-tu là ?

MASCARILLE
C'est qu'il sent[321] le bâton du côté que voilà.
1565 Enfin, si maintenant ma prudence en est crue,
Ne nous obstinons point à rester dans la rue ;
Allons nous renfermer.

VALÈRE
Nous renfermer, faquin !

319 Valère désigne Mascarille.
320 C'est le texte original, parfaitement admissible (*vous* représentant Valère
      et La Rapière, car Mascarille se veut prudemment à l'écart). D'autres
      éditions ont *nous menace*, avec une construction en inversion : vous voyez,
      mon maître, comme l'on nous menace tous les deux.
321 Impersonnel : cela sent.

Tu m'oses proposer un acte de coquin !
Sus, sans plus de discours, résous-toi de me suivre.

MASCARILLE   [121]

1570 Eh ! Monsieur, mon cher maître, il est si doux de vivre !
On ne meurt qu'une fois, et c'est pour si longtemps !

VALÈRE

Je m'en vais t'assommer de coups, si je t'entends.
Ascagne vient ici, laissons-le[322] : il faut attendre
Quel parti de lui-même il se résoudra de prendre.
1575 Cependant avec moi viens prendre à la maison
Pour nous frotter[323].

MASCARILLE

        Je n'ai nulle démangeaison.
Que maudit soit l'amour, et les filles maudites,
Qui veulent en tâter, puis font les chattemites[324].

Scène 4   [X] [122]
ASCAGNE, FROSINE

ASCAGNE

Est-il bien vrai, Frosine ? et ne rêvé-je point ?
1580 De grâce, contez-moi bien tout de point en point.

FROSINE

Vous en saurez assez le détail ; laissez faire :
Ces sortes d'incidents ne sont pour l'ordinaire
Que redits trop de fois de moment en moment.

---

322 Il faut élider le *e* de *laissons-l(e)* pour le compte des syllabes.
323 Viens avec moi prendre à la maison de quoi nous battre.
324 Une *chattemite* est une personne affectant des manières humbles, réservées.

Suffit que vous sachiez qu'après ce testament
1585   Qui voulait un garçon pour tenir sa promesse,
De la femme d'Albert la dernière grossesse
N'accoucha que de vous, et que lui dessous main
Ayant depuis longtemps concerté son dessein,
Fit son fils de celui d'Ignès la bouquetière,
1590   Qui vous donna pour sienne à nourrir à ma mère.
La mort ayant ravi ce petit innocent
Quelque dix mois après, Albert étant absent,
La crainte d'un époux, et l'amour maternelle,
Firent l'événement d'une ruse nouvelle[325].
1595   Sa femme en secret lors se rendit son vrai sang[326] ;
Vous devîntes celui qui tenait votre rang,
Et la mort de ce fils mis dans votre famille
Se couvrit pour Albert de celle de sa fille[327].
Voilà de votre sort un mystère éclairci   [123]
1600   Que votre feinte mère[328] a caché jusqu'ici.
Elle en dit des raisons, et peut en avoir d'autres,
Par qui ses intérêts n'étaient pas tous les vôtres.
Enfin cette visite[329], où j'espérais si peu,
Plus qu'on ne pouvait croire a servi votre feu.
1605   Cette Ignès vous relâche[330] ; et par votre autre affaire
L'éclat de son secret[331] devenu nécessaire,

---

325 Provoquèrent une nouvelle ruse.
326 La femme d'Albert reprit sa véritable fille (*se rendit son vrai sang*).
327 Le récit est encore plus embrouillé que l'intrigue ! À la mort du fils de
la bouquetière, qu'Albert avait pris pour le faire passer pour son fils, et
à l'insu d'Albert, sa femme substitua sa propre fille (et celle d'Albert !)
à l'enfant mort, en le travestissant en garçon. Et l'on fit croire à Albert
que l'enfant mort était sa fille.
328 Ignès la bouquetière.
329 La visite dont il était question au v. 1185 a donc été faite depuis.
330 Vous laisse libre d'être ce que vous êtes en réalité, la fille d'Albert et
non la sienne.
331 La révélation du mariage secret.

Nous en avons nous deux votre père informé ;
Un billet de sa femme a le tout confirmé,
Et poussant plus avant encore notre pointe,
1610   Quelque peu de fortune[332] à notre adresse jointe,
Aux intérêts d'Albert, de Polydore après,
Nous avons ajusté si bien les intérêts[333],
Si doucement à lui déplié[334] ces mystères,
Pour n'effaroucher[335] pas d'abord trop les affaires,
1615   Enfin, pour dire tout, mené si prudemment
Son esprit pas à pas à l'accommodement,
Qu'autant que votre père il montre de tendresse
À confirmer les nœuds qui font votre allégresse.

ASCAGNE

Ah ! Frosine, la joie où vous m'acheminez !...
1620   Et que ne dois-je point à vos soins fortunés !

FROSINE

Au reste, le bonhomme est en humeur de rire,
Et pour son fils encor nous défend de rien dire

Scène 5   [X ij] [124]
ASCAGNE, FROSINE, POLYDORE

POLYDORE

Approchez-vous, ma fille[336], un tel nom m'est permis ;

---

332 *Fortune* : hasard ; ici hasard heureux, chance.

333 Ensuite, nous avons obtenu un accord entre Albert et Polydore, qui
ménageait leurs intérêts à tous les deux.

334 *Déplier* : ouvrir, déployer, expliquer.

335 *Effaroucher quelqu'un*, c'est l'irriter, le rendre intraitable. Le complément
est ici est une chose ; donc, comprendre : pour ne pas compliquer et
rendre impossible un accord dans ces affaires.

336 Polydore parle déjà à Ascagne en beau-père, suivant certainement l'accord
réalisé avec Albert, qui avalise le mariage secret.

Et j'ai su le secret que cachaient ces habits.

1625   Vous avez fait un trait qui, dans sa hardiesse,
        Fait briller tant d'esprit et tant de gentillesse[337],
        Que je vous en excuse, et tiens mon fils heureux
        Quand il saura l'objet de ses soins amoureux.

1630   Vous valez tout un monde, et c'est moi qui l'assure.
        Mais le voici ; prenons plaisir de l'aventure.
        Allez faire venir tous vos gens promptement.

ASCAGNE

Vous obéir sera mon premier compliment.

Scène 6[338]   [125]
MASCARILLE, POLYDORE, VALÈRE

MASCARILLE

Les disgrâces souvent sont du Ciel révélées :
J'ai songé cette nuit de perles défilées,

1635   Et d'œufs cassés ; Monsieur, un tel songe m'abat[339].

VALÈRE

Chien de poltron !

POLYDORE

                    Valère, il s'apprête un combat[340],
Où toute ta valeur te sera nécessaire.

---

337 Votre tour, votre invention est un trait tellement fin et spirituel.
338 Pour toute la fin de la comédie, cf. *L'Interesse*, V, 4 et 5.
339 Le superstitieux Mascarille croit aux songes qui annoncent des malheurs
     (*disgrâces*). – Des *perles défilées* sont des perles sorties du fil où elles sont
     passées. Il s'adresse à Valère.
340 Tout au long de la scène, on va s'amuser de l'équivoque entre le duel
     que désire Valère et le combat amoureux avec Ascagne.

Tu vas avoir en tête[341] un puissant adversaire.

MASCARILLE

Et personne, Monsieur[342], qui se veuille bouger
1640   Pour retenir des gens qui se vont égorger !
Pour moi, je le veux bien ; mais, au moins, s'il arrive
Qu'un funeste accident de votre fils vous prive,
Ne m'en accusez point.

POLYDORE

Non, non ; en cet endroit
Je le pousse moi-même à faire ce qu'il doit. [X iiij] [126]

MASCARILLE
1645   Père dénaturé !

VALÈRE

Ce sentiment, mon père,
Est d'un homme de cœur ; et je vous en révère.
J'ai dû vous offenser, et je suis criminel
D'avoir fait tout ceci sans l'aveu paternel ;
Mais, à quelque dépit que ma faute vous porte,
1650   La nature toujours se montre la plus forte,
Et votre honneur fait bien, quand il ne veut pas voir
Que le transport d'Éraste ait de quoi m'émouvoir[343].

POLYDORE

On me faisait tantôt redouter sa menace ;
Mais les choses depuis ont bien changé de face ;

---

341 *Avoir en tête*, c'est avoir comme adversaire.
342 Il s'adresse alors à Polydore.
343 Comprendre : votre sens de l'honneur refuse d'imaginer que la colère
d'Éraste puisse me faire peur et m'ébranler.

1655 Et, sans le pouvoir fuir, d'un ennemi plus fort
      Tu vas être attaqué.

                    MASCARILLE
                        Point de moyen d'accord ?

                    VALÈRE
      Moi ! le fuir ! Dieu m'en garde ! Et qui donc
                              [pourrait-ce être ?

                    POLYDORE
      Ascagne.

                    VALÈRE
                  Ascagne ?

                    POLYDORE   [127]
                        Oui, tu le vas voir paraître.

                    VALÈRE
      Lui, qui de me servir m'avait donné sa foi ?

                    POLYDORE
1660 Oui, c'est lui qui prétend avoir affaire à toi,
      Et qui veut, dans le champ où l'honneur vous appelle,
      Qu'un combat seul à seul[344] vide votre querelle.

                    MASCARILLE
      C'est un brave homme : il sait que les cœurs généreux
      Ne mettent point les gens en compromis pour eux[345].

      _____

      344 Double sens grivois : Polydore et les spectateurs pensent au combat
          amoureux, non à un duel !
      345 *Mettre en compromis*, c'est compromettre. Les cœurs généreux ne
          compromettent pas autrui, ne l'impliquent pas, ici, dans leur querelle

POLYDORE

1665 Enfin d'une imposture ils te rendent coupable,
Dont le ressentiment m'a paru raisonnable ;
Si bien qu'Albert et moi sommes tombés d'accord
Que tu satisferais[346] Ascagne sur ce tort,
Mais aux yeux d'un chacun, et sans nulles remises,
1670 Dans les formalités en pareil cas requises[347].

VALÈRE

Et Lucile, mon père, a d'un cœur endurci ! ...

POLYDORE   [128]

Lucile épouse Éraste, et te condamne aussi ;
Et, pour convaincre mieux tes discours d'injustice,
Veut qu'à tes propres yeux cet hymen s'accomplisse.

VALÈRE

1675 Ah ! c'est une impudence à me mettre en fureur :
Elle a donc perdu sens, foi, conscience, honneur !

Scène 7   [129]
MASCARILLE, LUCILE, ÉRASTE,
POLYDORE, ALBERT, VALÈRE

ALBERT

Eh bien ! les combattants ? on amène le nôtre
Avez-vous disposé le courage du vôtre ?

VALÈRE

Oui, oui, me voilà prêt, puisqu'on m'y veut forcer ;

---

ou dans leur combat.
346 *Satisfaire* : réparer l'offense, par les armes.
347 Équivoque voisine, entre les formalités du duel et celles du mariage.

1680   Et, si j'ai pu trouver sujet de balancer,
       Un reste de respect en pouvait être cause,
       Et non pas la valeur du bras que l'on m'oppose.
       Mais c'est trop me pousser, ce respect est à bout ;
       À toute extrémité mon esprit se résout,
1685   Et l'on fait voir un trait de perfidie étrange,
       Dont il faut hautement que mon amour se venge.
       Non pas que cet amour prétende encore à vous[348] ;
       Tout son feu se résout en ardeur[349] de courroux,
       Et quand j'aurai rendu votre honte publique,
1690   Votre coupable hymen n'aura rien qui me pique[350].
       Allez, ce procédé, Lucile, est odieux[351] ;
       À peine en puis-je croire au rapport de mes yeux ;
       C'est de toute pudeur se montrer ennemie,
       Et vous devriez[352] mourir d'une telle infamie.

                        LUCILE   [Y] [130]
1695   Un semblable discours me pourrait affliger,
       Si je n'avais en main qui m'en saura venger.
       Voici venir Ascagne ; il aura l'avantage
       De vous faire changer bien vite de langage,
       Et sans beaucoup d'effort.

---

348 Valère s'adresse à Lucile.
349 Orig. : *adeur.*
350 Qui m'irrite.
351 Diérèse.
352 Deux syllabes.

Scène 8   [131]

MASCARILLE, LUCILE, ÉRASTE,
ALBERT, VALÈRE, GROS-RENÉ, MARINETTE,
ASCAGNE, FROSINE, POLYDORE

VALÈRE
Il ne le fera pas,
1700   Quand il joindrait au sien encor vingt autres bras.
Je le plains de défendre une sœur criminelle[353] ;
Mais, puisque son erreur me veut faire querelle,
Nous le satisferons, et vous, mon brave[354], aussi.

ÉRASTE
Je prenais intérêt tantôt à tout ceci ;
1705   Mais enfin, comme Ascagne a pris sur lui l'affaire,
Je ne veux plus en prendre[355], et je le laisse faire.

VALÈRE
C'est bien fait : la prudence est toujours de saison,
Mais…

ÉRASTE
Il saura pour tous vous mettre à la raison.

VALÈRE   [132]
Lui ?

POLYDORE
Ne t'y trompe pas ; tu ne sais pas encore
1710   Quel étrange garçon est Ascagne.

---

353 Fautive.
354 Un brave est un *bretteur* ; Valère s'adresse à Éraste, par lui également
     provoqué en duel et contraint de devenir bretteur.
355 « Je ne m'en mêle plus », selon la VAR. de 1682.

ALBERT

                    Il l'ignore,
Mais il[356] pourra dans peu le lui faire savoir.

VALÈRE

Sus donc! que maintenant il me le fasse voir

MARINETTE

Aux yeux de tous?

GROS-RENÉ

          Cela ne serait pas honnête[357].

VALÈRE

Se moque-t-on de moi? je casserai la tête
1715   À quelqu'un des rieurs. Enfin, voyons l'effet[358].

ASCAGNE

Non, non, je ne suis pas si méchant qu'on me fait;
Et, dans cette aventure où chacun m'intéresse[359],
Vous allez voir plutôt éclater ma faiblesse,
Connaître que le Ciel qui dispose de nous
1720   Ne me fit pas un cœur pour tenir contre vous,
Et qu'il vous réservait, pour victoire facile,
De finir le destin du frère de Lucile.   [133]
Oui, bien loin de vanter le pouvoir de mon bras,
Ascagne va par vous recevoir le trépas;

---

356 Ascagne.
357 Bienséant. En effet, Ascagne ne peut pas montrer et prouver devant tous
    qu'elle est une fille!
358 *L'effet* : la réalisation de tout cela, les actes.
359 Où chacun m'implique.

1725   Mais il veut bien mourir[360], si sa mort nécessaire
       Peut avoir maintenant de quoi vous satisfaire,
       En vous donnant pour femme en présence de tous
       Celle qui justement ne peut être qu'à vous.

VALÈRE

       Non, quand toute la terre, après sa perfidie
1730   Et les traits effrontés...

ASCAGNE

                      Ah ! souffrez que je die[361],
       Valère, que le cœur qui vous est engagé
       D'aucun crime[362] envers vous ne peut être chargé :
       Sa flamme est toujours pure, et la constance extrême ;
       Et j'en prends à témoin votre père lui-même.

POLYDORE

1735   Oui, mon fils, c'est assez rire de ta fureur,
       Et je vois qu'il est temps de te tirer d'erreur.
       Celle à qui par serment ton âme est attachée,
       Sous l'habit que tu vois à tes yeux est cachée ;
       Un intérêt de bien dès ses plus jeunes ans
1740   Fit ce déguisement qui trompe tant de gens ;
       Et depuis peu l'amour en a su faire un autre,
       Qui t'abusa, joignant leur famille à la nôtre.
       Ne va point regarder à tout le monde aux yeux :
       Je te fais maintenant un discours sérieux[363].
1745   Oui, c'est elle, en un mot, dont l'adresse subtile

---

360 Pointe recherchée : de fait, le faux Ascagne, garçon, va mourir pour
    renaître en véritable fille, en Dorothée.
361 Voir au v. 1.
362 Faute.
363 Diérèse. Valère regarde chacun dans les yeux pour voir si l'on parle
    sérieusement.

La nuit reçut ta foi sous le nom de Lucile,
Et qui, par ce ressort qu'on ne comprenait pas,
A semé parmi vous un si grand embarras.
Mais puisqu'Ascagne ici fait place à Dorothée,
1750 Il faut voir de vos feux toute imposture ôtée,
Et qu'un nœud plus sacré donne force au premier[364].

ALBERT   [Z] [134]

Et c'est là justement ce combat singulier,
Qui devait envers nous réparer votre offense,
Et pour qui les édits n'ont point fait de défense[365].

POLYDORE

1755 Un tel évènement[366] rend tes esprits confus ;
Mais en vain tu voudrais balancer là-dessus.

VALÈRE

Non, non ; je ne veux pas songer à m'en défendre ;
Et si cette aventure a lieu de me surprendre,
La surprise me flatte, et je me sens saisir
1760 De merveille[367] à la fois, d'amour, et de plaisir.
Se peut-il que ces yeux ?…

ALBERT

Cet habit, cher Valère,
Souffre mal les discours que vous lui pourriez faire.
Allons lui faire en prendre un autre ; et cependant
Vous saurez le détail de tout cet incident.

---

364 Il y a eu mariage secret, de nuit ; un mariage public authentifiera ce
    premier accord (d'ailleurs réalisé avec tromperie sur l'identité de la fille).
365 Les duels, eux, étaient défendus par édits.
366 *Événement* : issue, résultat.
367 *Merveille* : admiration, surprise, étonnement.

VALÈRE

1765   Vous, Lucile, pardon, si mon âme abusée…

LUCILE

L'oubli de cette injure est une chose aisée.

ALBERT

Allons, ce compliment[368] se fera bien chez nous,
Et nous aurons loisir de nous en faire tous.

ÉRASTE

Mais vous ne songez pas, en tenant ce langage,
1770   Qu'il reste encore ici des sujets de carnage :
Voilà bien à tous deux notre amour couronné,
Mais de son Mascarille, et de mon Gros-René,
Par qui doit Marinette être ici possédée ?
Il faut que par le sang l'affaire soit vidée.

MASCARILLE

1775   Nenni, nenni, mon sang dans mon corps sied[369]
                                        [trop bien.
Qu'il l'épouse en repos, cela ne me fait rien.   [135]
De l'humeur que je sais la chère Marinette,
L'hymen ne ferme pas la porte à la fleurette.

MARINETTE

Et tu crois que de toi je ferais mon galant ?
1780   Un mari, passe encor : tel qu'il est, on le prend ;
On [n'] y va pas[370] chercher tant de cérémonie.
Mais il faut qu'un galant soit fait à faire envie.

---

368 Ces politesses.
369 Mon sang est trop bien placé, situé dans mon corps.
370 L'original *on y va pas* est à corriger.

GROS-RENÉ

Écoute, quand l'hymen aura joint nos deux peaux,
Je prétends qu'on soit sourde à tous les damoiseaux.

MASCARILLE

1785   Tu crois te marier pour toi seul, compère?

GROS-RENÉ

Bien entendu, je veux une femme sévère,
Ou je ferai beau bruit.

MASCARILLE

                              Eh! mon Dieu, tu feras
Comme les autres font, et tu t'adouciras.
Ces gens avant l'hymen si fâcheux et critiques
1790   Dégénèrent souvent en maris pacifiques.

MARINETTE

Va, va, petit mari, ne crains rien de ma foi :
Les douceurs ne feront que blanchir[371] contre moi,
Et je te dirai tout.

MASCARILLE

                              Oh! la[372] fine pratique!
Un mari confident! ...

---

371 FUR. : «*Blanchir* se dit des coups de canon qui ne font qu'effleurer
une muraille et y laissent une marque blanche. [...] On dit au figuré,
de ceux qui entreprennent d'attaquer ou de persuader quelqu'un, et
dont tous les efforts sont inutiles, que tout ce qu'ils on dit, tout ce
qu'ils ont fait [...] n'a fait que blanchir devant cet homme ferme et
opiniâtre ».
372 L'original porte *las !* La plupart des autres éditions ont la leçon *la*, que
nous choisissons.

MARINETTE

Taisez-vous, as de pique[373].

1795   Pour la troisième fois, allons-nous-en chez nous
Poursuivre en liberté des entretiens si doux.

FIN.

373 *As de pique* : aux XVIIᵉ et XVIIIᵉ siècles, FUR. et le *Dictionnaire comique*
de Leroux en font une expression injurieuse (sot, homme de rien). Littré,
au XIXᵉ siècle, à partir de ce passage de Molière, donne le sens, peut-être
trop précis, de « mauvaise langue ».

LES PRÉCIEUSES RIDICULES

INTRODUCTION

Cette courte pièce de 1659 obtint un grand succès, très vite, et provoqua un joli scandale dans le petit monde cultivé. Pourquoi ce charivari ? Parce que Molière prenait le parti de la caricature et du burlesque, et pour dire son mot sur un phénomène littéraire et social aussi complexe que diffus, dont l'existence finit même par être contesté, à l'heure actuelle[1].

---

1   Jalons essentiels : Roger Lathuillère, *La Préciosité. Étude historique et linguistique, t. I : Position du problème. Les origines*, Genève, Droz, 1969 ; Jean-Michel Pelous, *Amour précieux, amour galant (1654-1675). Essai sur la représentation de l'amour dans la littérature et la société mondaine*, Paris, Klincksieck, 1980 ; Myriam Dufour-Maître, *Les Précieuses. Naissance des femmes de lettres en France au XVII⁰ siècle*, Paris, Champion, 1999 (éd. revue, corrigée et augmentée en 2008) ; Roger Duchêne, *Les Précieuses ou comment l'esprit vint aux femmes*, Paris, Fayard, 2001. – Éditions importantes de la pièce pour les documents qu'elles publient ou pour leur contribution au débat : l'éd. de Georges Couton pour les *Œuvres complètes* (Pléiade, 1971, t. 1, p. 247-287) ; *Les Précieuses ridicules. Documents contemporains. Lexique du vocabulaire précieux*, éd. critique par Micheline Cuénin, Genève-Paris, Droz-Minard, 1973 (TLF, 200) ; *Les Précieuses ridicules. Comédie en un acte. 1660*, éd. Claude Bourqui, Paris, Le Livre de poche, 1999 (on retrouve une version de cette édition dans le nouveau volume de la Pléiade des *Œuvres complètes* de Molière, éd. Georges Forestier avec Claude Bourqui [2010, t. I, p. 1-30]).

À LA RECHERCHE DES PRÉCIEUSES

Oui, que furent les précieuses, si elles et la préciosité existèrent bien ?

On parlait effectivement de précieuses depuis 1654 ; à cette date, un texte signale l'apparition « d'une nature de filles et de femmes à Paris que l'on nomme "précieuses", qui ont un jargon et des mines, avec un déhanchement merveilleux ; l'on a fait une carte pour naviguer en leur pays[2] ». Quant à l'abbé de Pure qui, de 1656 à 1658, dans les quatre parties d'un roman à clés, *La Précieuse, ou Le mystère des ruelles*, prétend peindre les milieux précieux, il note aussi la nouveauté de la précieuse : « Pour la précieuse, c'est un animal d'une espèce autant bizarre qu'inconnue[3] ». Autre appréciation plutôt péjorative. Ainsi, en 1659, la satire contre les précieuses semblait un lieu commun. Pamphlets et caricatures engendrés par une polémique le plus souvent masculine donnaient une vision réductrice des précieuses.

Si l'on pense que « précieuse » n'est pas une simple invective, que la précieuse fut davantage qu'un type littéraire artificiel simplifié et un peu mythique, que des précieuses, si tôt dépréciées, existèrent réellement, comment les définir ? Elles permettent de cerner, au-delà de l'aspect littéraire, un phénomène social dû à l'importance des salons – qu'on pense

---

2   *Correspondance du chevalier de Sévigné et de Christine de France, duchesse de Savoie*, Paris, H. Laurens, 1911, lettre XC, p. 246.

3   Tome I de *La Précieuse*. Au Livre premier de la Troisième partie, on lit encore cette définition : « On appelle les Précieuses certaines personnes du beau sexe, qui ont su se tirer du prix commun des autres, et qui ont acquis une espèce et un rang tout particulier » (p. 25 de l'édition de 1660). Voir l'édition moderne d'Émile Magne, en 2 vol., Paris, Droz, 1938-1939.

à l'Hôtel de Rambouillet ou au salon de Sapho, c'est-à-dire de Mademoiselle de Scudéry. Là régnaient des femmes qui voulaient fixer les principes de la galanterie et du bon ton. On y était soucieux de vie morale et psychologique, attaché en particulier à définir l'amour, ses délicatesses et son idéal. On s'y passionnait aussi pour les questions de langage ; mais le raffinement du langage n'était pas l'essentiel. Les revendications féministes de ces dames étaient plus profondes. Elles répugnaient aux réalités de la sexualité, d'abord, préférant les préliminaires galants du roman amoureux, les subtilités d'un amour idéal qui prenne le temps de parcourir la carte de Tendre – laquelle dessine divers parcours, plus ou moins longs, plus ou moins dangereux, jusqu'à l'une des trois villes de Tendre (Tendre-sur-Inclination ; Tendre-sur-Estime ; Tendre-sur-Reconnaissance) ; une fois dans le mariage, elles contestaient la tyrannie masculine, les maternités rapprochées et accablantes. Elles s'épanouissaient plutôt dans les salons. En littérature, elles avaient du goût pour les formes brèves de la poésie et s'exerçaient elles-mêmes dans des genres divers, comme le portrait ou, à l'opposé pour la longueur, dans le roman, qui permettait l'analyse de l'âme, et en particulier du sentiment amoureux.

Tels étaient les contours que l'histoire littéraire donnait, à travers des témoignages relativement peu nombreux et bien flous des contemporains de Molière, à la notion de *précieuses* – dès 1939, un important article d'Antoine Adam, qui voulait que Molière eût été entraîné dans des querelles de clans et de coteries aux enjeux aussi politiques qu'esthétiques, affirmait hautement qu'*il n'y eut pas de préciosité mais des précieuses*[4].

---

4   « La genèse des *Précieuses ridicules* », *Revue d'histoire de la philosophie*, 1939, p. 14-46.

Moins improbable que la préciosité, une autre réalité littéraire et sociale du temps – la *galanterie* – est de mieux en mieux cernée et mise en valeur par la critique, depuis vingt ou trente ans[5]. Et Roger Duchêne a fait remarquer que la pièce de Molière n'emploie pratiquement pas les mots *précieux/précieuse*, mais beaucoup ceux de *galant/galanterie*. La galanterie était à la fois une manière d'être et une manière d'écrire, un comportement (distinction, raffinement, enjouement ; les galants cherchaient à plaire aux dames dans les salons) et une catégorie littéraire, plus largement une esthétique (style moderne mêlant vers et prose, prédilection pour les petits genres, refus du pédantisme des doctes – le tout renvoyant à la conversation de salon).

Faut-il faire disparaître la préciosité au profit de la galanterie pratiquée par les mondains ?

Déjà en 1980, un Jean-Michel Pelous affirmait que la précieuse n'est qu'une « caricature de la femme du monde, à la fois semblable à son modèle et pourtant méconnaissable, tant les traits sont exagérés[6] ». Plus carrément encore, Roger Duchêne voyait tout simplement un mythe dans la préciosité ; selon lui, à partir de questions bien réelles que posait désormais la présence des femmes dans la société mondaine, a été inventé ce type littéraire de la précieuse. Molière, qui n'a pas décrit des précieuses de haut rang mais produit « des caricatures de galantes imbues de romanesque[7] », a largement contribué à mettre en circulation l'idée fausse qu'il y avait de vraies précieuses et que les siennes étaient les caricatures des vraies. On ne peut donc plus définir

---

5   Voir essentiellement les travaux d'Alain Viala rassemblés dans sa grande synthèse de 2008, *La France galante*, et ceux de Delphine Denis, *Le Parnasse galant*, 2001.

6   *Op. cit.*, p. 349.

7   *Op. cit.*, p. 255.

une préciosité à partir de la comédie de Molière, qui « a fait de la préciosité l'étiquette d'un sac qui ne parle que de galanterie, comme si pour lui les deux termes étaient parfaitement synonymes ou complémentaires[8] ». C'est Molière qui aurait inventé, avec ses *Précieuses ridicules*, la préciosité et des précieuses qui n'auraient jamais existé. De son côté, Claude Bourqui reprend la question et peut conclure : « la préciosité est de l'ordre de la représentation de la réalité plutôt que de la réalité elle-même[9] ». Plus encore : la préciosité serait une création du milieu mondain qui, par là, pouvait se moquer des excès de ce qui était la norme même de la galanterie – c'est-à-dire de ses règles et de ses valeurs (raffinement des manières et du langage ; idées féministes ; refus du corps et des réalités matérielles au profit des choses de l'esprit). En somme, le milieu mondain se servait de la préciosité pour exorciser les excès possibles de ses valeurs ; et Molière serait entré dans son jeu pour lui plaire.

Ces thèses abruptes d'un mythe des précieuses est refusé par l'important travail de Myriam Maître, pour qui des précieuses existèrent bel et bien, dont elle dresse un répertoire et dont elle propose la sociologie, à la jonction de la politique, de la société et de l'esthétique. On ne peut assimiler purement et simplement la préciosité à la galanterie et il convient de lui laisser une place spécifique au cœur du mouvement galant. Différentes du type littéraire caricatural érigé par Molière, brillaient de vraies précieuses – des femmes du monde qui se mêlaient de politique et de littérature. Sans qu'on puisse, certes, affirmer l'existence

---

8   Roger Duchêne, « Précieuses ou galantes ridicules ? », [in] *Thèmes et genres littéraires aux* XVIIe *et* XVIIIe *siècles. Mélanges en l'honneur de Jacques Truchet*, 1992, p. 365.

9   Son édition du Livre de poche, p. 123.

d'un groupe homogène, voire d'une coterie formée par les précieuses.

On se gardera de trancher dans le débat sur la réalité ou le caractère mythique de la préciosité et des précieuses, qu'on peut considérer comme une sorte de département de la galanterie, à la réalité, quant à elle, indéniable. Au demeurant, les manifestations explicites d'une préciosité quelconque n'existent plus guère après 1660-1661. Mais, à côté du phénomène littéraire, limité à moins d'une dizaine d'années, on saisit, à travers tous ces faits, une réalité sociale et culturelle de la France du XVIIe siècle, – et un phénomène social qui s'étendit de la régence d'Anne d'Autriche à la fin du siècle. C'est sur ce fond de réalité sociale que s'écrit la caricature de Molière.

LES CIRCONSTANCES

Molière attrapa donc les défauts et les excès attribués à la nébuleuse de la préciosité ou à la galanterie, en s'inscrivant dans le courant polémique du temps, pour écrire sa petite comédie des *Précieuses ridicules*. Sans être peut-être tout à fait conscient des implications de sa prise de position dans les querelles de groupes et de clans, il participa au mouvement et s'empara d'un sujet d'actualité, grâce auquel s'exerça sa verve satirique et qui lui permit de s'imposer dans son originalité. S'en prenait-il véritablement à Madame de Rambouillet et à la célèbre romancière Madeleine de Scudéry, Sapho, celle qui publia la carte de Tendre en 1654, dans la première partie de sa *Clélie* ? En tout cas, à travers les excès dont témoignent le valet Mascarille

et les sottes provinciales ses dupes, il tourne en ridicule
les petits genres de l'écriture galante si prospères dans
l'entourage de Fouquet, et se moque de la mode du roman.
Mais il faut aussi croire Molière qui, à la fin de sa Préface,
déclare « que les plus excellentes choses sont sujettes à être
copiées par de mauvais singes, qui méritent d'être bernés ».
Il semble bien que Molière ait toujours conçu Cathos et
Magdelon comme des petites bourgeoises provinciales,
incapables d'accéder à la véritable galanterie et qui, par
snobisme, n'en gardent et n'en singent que certains traits
qu'elles dégradent, comme le langage affecté, les habitudes
mondaines et littéraires d'un groupe, l'envahissement du
romanesque ou le mépris de la chair. La caricature semble
faire peu de cas des idées modernes des milieux mondains ;
mais ultérieurement, de comédie en comédie, de *L'École
des maris* aux *Femmes savantes*, Molière trouvera plus d'une
occasion d'élargir, de compléter et de nuancer sa position,
parfois contradictoire, sur les problèmes féminins[10]. Faut-il
tout à fait suivre Roger Duchêne[11] quand il va plus loin et,
au-delà de la satire d'excès ridicules des milieux précieux
ou galants, il assigne une autre visé aux *Précieuses ridicules* ?
À travers la critique des sots et des sottes qui voudraient
les singer, Molière s'en prendrait à tous les mondains et
mondaines qui contesteraient le monopole des doctes, des
professionnels du langage, sur la littérature[12]. Réaction

---

10   Voir Roger Duchêne, « L'École des femmes au xviie siècle », [in] *Mélanges
     historiques et littéraires sur le xviie siècle offerts à Georges Mongrédien*, 1974,
     p. 143-154.
11   Outre aux travaux cités, on se reportera à son *Molière* de 1998 qui, en
     quelques chapitres (p. 209-239), présente une synthèse de ses idées sur
     la portée des *Précieuses ridicules*.
12   Voir encore « De Sorel à Molière, ou la rhétorique des Précieuses », [in]
     Le Langage littéraire au xviie siècle. De la rhétorique à la littérature, 1991,
     p. 135-145.

d'écrivain qui refuserait cette aspiration : que les cavaliers et les femmes restent à leur place ! Mais on sait aussi que Molière ne cessa de vouloir plaire aux mondains et que, d'une certaine manière, il se fit galant...

Les Précieuses ridicules furent créées le 18 novembre 1659 au Petit-Bourbon, à la suite du *Cinna* de Corneille, puis redonnées à partir du 2 décembre, cette fois à la suite de l'*Alcionée* de Du Ryer[13]. La distribution originelle se rétablit aisément, les acteurs jouant sous leur nom ou sous un nom transparent : La Grange, Du Croisy, Jodelet, Madeleine Béjart (sous le diminutif *Magdelon*) et Catherine de Brie (sous celui de *Cathos*) ; quant à Mascarille, on sait que c'était le rôle de Molière. Le succès fut considérable, on le voit à plusieurs signes.

Dès novembre, à la demande de Madame de Morangis, Catherine Desjardins (la future Madame de Villedieu) écrit, sous forme d'une longue lettre, qui a circulé en manuscrit (c'est l'*Abrégé de la farce des Précieuses*) avant d'être éditée (c'est le *Récit en prose et en vers de la farce des Précieuses*, de 1660), une relation de la représentation des *Précieuses ridicules*, qu'elle affirme avoir écrite sans avoir vu le spectacle[14]. De fait, des décalages importants sont repérables entre le texte de Molière et les deux versions de la relation, sur les scènes mêmes qui furent représentées et sur d'autres points, comme les fameuses *Règles de l'amour précieux* qui ne sont pas présentées sous cette forme chez Molière. On s'est par ailleurs demandé si l'*Abrégé* ne témoignait pas de passages que Molière aurait expurgés dans l'édition de

---

13   On ne prend pas garde, d'ordinaire, à ces accouplements de pièces réalisés pour chaque spectacle. Ils pourraient être intéressants ; voir les remarques, à propos des *Précieuses* et de *Sganarelle*, de Nobuko Akiyama (« Le spectacle en mouvement dans les deux premières comédies en un acte de Molière... », *Le Nouveau Moliériste*, III, 1996-1997, p. 129-138).

14   Ces deux textes sont publiés dans les Annexes.

sa pièce, comme la chaise percée que les précieuses vont visiter avant de recevoir Mascarille, ou la balle de mousquet que Jodelet aurait rendue en éternuant. Quoi qu'il en soit, cette relation était pour la demoiselle ambitieuse un moyen de se faire connaître. Inutile d'imaginer le texte de la jeune femme pris dans une stratégie de clans plus compliquée – ni service rendu à Molière, ni dessein de lui nuire. Mademoiselle Desjardins vit le profit qu'elle pouvait tirer du succès de Molière pour se faire connaître. Et pourquoi Molière se serait-il plaint ? Le *Récit* augmentait le battage autour de sa pièce et ne pouvait que lui attirer des spectateurs[15] !

En revanche, il eut à se plaindre de graves indélicatesses. Avant même que Molière ait publié sa petite comédie, un certain Baudeau de Somaize porta à l'imprimeur Ribou *Les Véritables Précieuses*[16], qui exploitent et pillent Molière, tout en lançant contre lui de féroces attaques (achevé d'imprimé du 7 janvier 1660) ; il renouvela ses attaques en publiant une version versifiée des *Précieuses ridicules* (achevé d'imprimé du 12 avril 1660). De son côté, Ribou, qui s'était procuré le texte de Molière, s'apprêtait à le publier sans son aveu. Obligé de se défendre contre ce pirate, Molière dut faire publier son texte par Guillaume de Luynes (achevé d'imprimer du 29 juin 1660), avec une Préface spirituelle et pleine d'humour, qui se veut apaisante pour les « véritables précieuses ». Il y souligne d'emblée le beau succès remporté par sa pièce – et « comme le public est le juge absolu de ces sortes d'ouvrages, il y aurait de l'impertinence à moi de le démentir »…

---

15 Voir Charles Mazouer, « Madame de Villedieu et Molière », [in] *Madame de Villedieu et le théâtre*, éd. Nathalie Grande et Edwige Keller-Rahbé, Tübingen, G. Narr, 2009 (Biblio 17, 184), p. 45-46.
16 Publiées dans l'édition Micheline Cuénin des *Précieuses ridicules*, p. 123-164.

Molière aurait sans doute préféré se faire connaître au livre par une grande comédie et non par une farce. En tout cas, il réalisa ainsi une entrée fracassante dans l'univers théâtral parisien, qui suscita immédiatement rivalités, jalousies, polémiques et coups bas. Molière aura toujours à lutter pour s'imposer.

UNE FARCE GÉNIALE

Comme en témoigne Mademoiselle Desjardins, c'est bien une farce que les contemporains voyaient dans *Les Précieuses ridicules*. Molière n'a jamais appelé sa pièce une *farce* ; mais le pouvait-il, étant donné le mépris dans lequel on tenait le genre ? Il n'empêche. Molière reprend des éléments constitutifs de la farce traditionnelle, à commencer d'ailleurs par le format du livret. Mais, dans sa petite comédie en un acte, il pousse la réflexion et donne aux *Précieuses ridicules*, à travers la densité humaine et comique du dialogue, une profondeur inconnue des farces antérieures.

Pour commencer, *Les Précieuses* sont la mise en scène d'une tromperie, d'une mystification – une « pièce » que les deux jeunes hommes s'apprêtent à jouer aux deux filles à la scène 1, et qu'à la scène 16 et avant-dernière, Gorgibus leur père estime avoir été « une pièce sanglante ». Les deux garçons ont fait revêtir leurs propres habits à leurs valets pour qu'ils donnent dans la vue des deux pecques. Dans sa construction, la farce des *Précieuses* suit la progression de la mystification, qui s'épanouit longuement dans la scène 9 avec Mascarille, se renforce dans la scène 11 grâce à l'arrivée de Jodelet, et culmine dans le bal de la scène 12, tout juste avant le renversement apporté à la scène 13 par l'irruption des maîtres. Structure d'une tromperie farcesque par déguisement.

Se rattache beaucoup à la farce cette volonté de la charge, du burlesque, de transformer les personnages en caricatures ; mais dans leur schématisme, ces caricatures peuvent donner à penser.

À commencer par les pecques de province, à travers lesquelles Molière parodie la galanterie en stigmatisant ses excès et ses ridicules, – à l'instar de ce que faisait Charles Sorel dans ses *Lois de la galanterie* (première édition en 1644 ; réimprimé en 1658), que Molière avait lues de très près et dont il s'inspira fort : il y trouvait tout justement une parodie du comportement et du langage de ceux qui se voulaient « galants ». Au-delà du phénomène social, Molière va plus profond quand il montre que les deux pecques renient leur nature et rejettent la destinée normale de la fille et de la nièce d'un « bon bourgeois ». Cathos va même jusqu'à refuser l'idée même du mariage : « Comment est-ce qu'on peut souffrir la pensée de coucher contre un homme vraiment nu ? » (Scène 4). Si l'on s'y résignait, il faudrait qu'il soit soumis aux rites de la vraie galanterie, telle que la développent les romans dont ces sottes sont intoxiquées. Le mariage avec d'honnêtes garçons choisis par Gorgibus et qui vont tout uniment faire leur cour en annonçant leur désir d'épouser ? C'est « du dernier bourgeois », et « il ne se peut rien de plus marchand que ce procédé » (Scène 4). Pour celles qui connaissent « le bel air des choses », « le mariage ne doit jamais arriver qu'après les autres aventures » (*Ibid.*). Au nom de cet idéal, elles ont renvoyé leurs prétendants, qui eurent la grossièreté de ne pas suivre les étapes de la carte de Tendre[17]. Le refus de

---

17   Mais attention ! Si le romanesque des deux pecques est rendu ici ridicule, Molière garda une attirance pour le romanesque et ses codes galants dans le parcours de l'amour – ce qui est visible dans des spectacles de

l'idée bourgeoise de l'amour et du mariage se greffe sur le refus plus profond de leur origine, de leur passé : mépris du père qu'elle trouve bien vulgaire et dont elle a honte, chez Magdelon ; volonté chez l'une et chez l'autre de changer leur nom, trop plat pour ce qu'elles rêvent d'être. Les provinciales n'ont qu'un désir : se changer pour briller à Paris, « le grand bureau des merveilles, le centre du bon goût, du bel esprit et de la galanterie » (Scène 9).

Aussi ont-elles adopté d'autres habitudes pour leur toilette, d'autres manières, un autre langage – et de ce langage recherché, Molière tire de beaux effets comiques. On a pu donner des lexiques de cette langue, de ce jargon des précieuses de Molière[18] qui a besoin parfois de traduction, avec ses substantifs, adjectifs et verbes à la mode, avec la substantivation d'une qualité (un *nécessaire* = un laquais), ses expressions métaphoriques (*le vol de mon cœur*), ses périphrases substantives (les fameuses *commodités de la conversation* pour les fauteuils), son goût des abstraits (une *indigence de rubans*), ses termes prodigués (*furieux, furieusement, terriblement*), son emploi de vocabulaires spécialisés… Et l'on a remarqué que, pour la création de cette langue des précieuses, Molière recourait à des procédés du style burlesque comme les néologismes inattendus ou les métaphores décalées ou systématiquement filées. De manière générale, comme l'écrit Patrick Dandrey, *Les Précieuses ridicules* parodient l'intertexte du roman galant en général : démarche burlesque s'il en est[19]. Ce qui rapproche

---

cour comme *La Princesse d'Élide, Les Amants magnifiques* ou *Psyché*, où l'on trouve une version moliéresque de la carte de Tendre (voyez Marie-Claude Canova-Green, « Molière et la cartographie de Tendre », [in] *Molière et le romanesque…*, 2009, p. 329-347).

18   Voir l'éd. Micheline Cuénin, p. 177-191, et l'éd. Claude Bourqui, p. 127-139.

19   Voir Patrick Dandrey, « Nouveaux regards sur *Les Précieuses ridicules* à l'occasion du 350e anniversaire de la création de la pièce

le langage des précieuses de celui, outrancièrement caricatural aussi, des valets déguisés. Et ce langage précieux, qui combat par le rire les excès de la réforme galante du langage, est mis en contraste (procédé également burlesque) avec le langage simple de ceux qui, en face des pecques, restent dans leur ordre : la servante Marotte ou le bon bourgeois Gorgibus, – dont il ne faudrait pas croire que Molière l'approuve dans son attachement aux traditions et dans son refus de la modernité galante.

Tout cela est fort drôle, mais il faut bien voir qu'avec Cathos et Magdelon, Molière commence de dénoncer une illusion, une chimère : le refus de soi, de ce que la nature et la société ont fait de soi, et la volonté illusoire de se changer, de devenir autre. Après l'échec des précieuses, ce seront ceux du bourgeois gentilhomme ou des femmes savantes.

Cathos et Magdelon devaient être prises aux apparences du bel air que Mascarille, puis Jodelet leur proposent : ils comblent trop leur attente pour qu'elles puissent suspecter l'imposture. L'un s'annonce en marquis, l'autre en vicomte ; nos provinciales sont persuadées d'attirer les beaux esprits de l'aristocratie. Mascarille surtout, avec ses propos galants, son ajustement élégant, ses prétendus talents poétiques – la lecture de son impromptu devant les sottes béates annonce déjà la lecture de Trissotin devant les femmes savantes –, la bravoure d'homme d'épée qu'il affiche, correspond exactement à leur idéal du gentilhomme galant, spirituel et enjoué. D'un coup, il leur permet de croire à la réalisation de leur rêve ; il les entraîne dans le monde merveilleux auquel elles aspirent. Pendant quelques scènes, les naïves se croient des dames du bel air, dignement diverties et fêtées. Dira-t-on que la bouffonnerie des valets déguisés aurait

pu les détromper ? Non pas. L'extravagance n'est pas pour
éclairer de sottes provinciales ; l'excès même renforce leur
crédulité. « Que tout ce qu'il dit est naturel ! » (Scène 11)
s'exclame Magdelon, à propos d'une galanterie particulièrement alambiquée de Mascarille. L'échec sera cinglant :
l'aspiration à devenir autres de ces donzelles ridicules, sottes
et crédules ne sera réalisée qu'à la faveur d'une mystification
dérisoire, qui est l'œuvre de deux valets.

Mais les valets eux-mêmes ne sont-ils pas victimes d'une
illusion analogue, surtout Mascarille ? Si Molière, pour ren-
forcer Mascarille dans la pièce, aura utilisé au mieux Jodelet,
le vieux et célèbre farceur qui venait de rejoindre sa troupe
à Pâques 1659, il s'était donné le beau rôle de Mascarille,
instrument principal de la disgrâce des précieuses. Mascarille
et Jodelet font inévitablement songer aux valets burlesques
de la génération précédente – celle des Scarron et Thomas
Corneille – qui, déguisés en habits de leurs maîtres, jouent
burlesquement le rôle d'un noble en service commandé,
mais finissent par se prendre eux-mêmes à l'illusion qu'ils
sont chargés de donner aux autres. Le spectateur n'oublie
jamais que ces caricatures de l'aristocratie ne sont que des
valets qui agissent sur ordre : Mascarille a peur de coups
dont le menace le porteur (Scène 7) ; il agrémente son rôle
de trop d'extravagances, de bouffonneries et de sottises
pour faire illusion à d'autres qu'aux pecques crédules qui
se voient déjà au rang des grandes dames de l'aristocratie
galante (Scènes 9 à 12). Mais il semble bien que, quant à
lui, Mascarille se prenne constamment au jeu – sauf peut-
être dans la première partie de la scène 11 : son compère
Jodelet promus vicomte, jouant avec lourdeur sa partie dans
la comédie, lui rappelle, par sa présence ainsi que par des
répliques qui peuvent être comprises à double sens, leur
commune condition.

Mais qui est Mascarille – troisième avatar de ce type de valet dans le théâtre de Molière ? Un valet original qui veut passer « pour une manière de bel esprit », un « extravagant qui s'est mis dans la tête de vouloir faire l'homme de condition », dit son maître La Grange, et « se pique ordinairement de galanterie et de vers » – opportunité assurément pour Molière de faire parodier par le valet les préceptes de la galanterie. L'occasion est trop belle pour cet original d'oublier ce qu'il est et de se croire un instant ce qu'il veut être, grâce aux habits de son maître qu'il va supplanter auprès des pecques façonnières : un marquis et un bel esprit. On le vérifie dès son entrée. Son costume rutilant et extravagant, son insolence avec les porteurs, un sonore « Allez, venez me reprendre tantôt pour aller au Louvre, au petit coucher » (Scène 7), tout montre d'emblée le plaisir qu'il éprouve à se poser en marquis. Quelle verve, une fois qu'il est introduit auprès des pecques (Scène 9) ! Si les sottes sont ravies d'accueillir le beau monde, Mascarille ne l'est pas moins d'être pris pour un bel esprit ; les deux rêves naïfs se rejoignent et se confortent mutuellement. Faire croire qu'il vit au milieu des beaux esprits, faire admirer son ridicule impromptu en le glosant terme à terme, faire contempler chaque pièce de son habit, c'est, pour Mascarille, se persuader de la réalité de son rôle ; il se prend à ses poses. Le voilà à tous égards l'égal des ducs et des comtesses, au demeurant le gentilhomme de France le plus mal servi par ses laquais (Scène 11). L'apothéose de son rêve se réalise dans le « bal à la hâte » dont il régale les dames (Scène 12).

Mais le danseur est prêt de sa chute ; les maîtres trouvent que le jeu a trop duré. Après les premiers coups de son maître, qu'il a reçus sans broncher, Mascarille tente de poursuivre le rêve : « Ce n'est rien : ne laissons pas d'achever »

(Scène 12). C'est impossible après la seconde intervention de La Grange et Du Croisy (Scène 15) : à l'instar de Jodelet, il est désigné comme laquais aux yeux des pecques, et proprement déshabillé sur scène, perdant la défroque sur laquelle il fondait son rêve. Malgré ce brutal retour à la réalité, Mascarille s'efforce de garder quelque dignité à sa sortie, qu'il veut différente de celle d'un valet confondu ; celui qui se dit victime de la Fortune supporte mal le « maraud » que lance Magdelon : « Traiter comme cela un marquis ! » (Scène 16).

Le rôle de Mascarille montre un dernier aspect droit venu de la farce : le jeu scénique, l'*actio*. Molière le note dans sa Préface : une grande partie des grâces qu'on a trouvées à sa pièce « dépendent de l'action et du ton de la voix », indispensables « ornements » de toute comédie. De fait, les acteurs des *Précieuses ridicules* peuvent s'en donner à cœur joie. Soufflets, coups de bâton, grossièretés échappées et déshabillage sur scène sont bien de la farce. Et le jeu des acteurs s'exalte ; le rôle des deux pecques sottement minaudières, celui de Jodelet enfariné et de Mascarille masqué, avec son extravagant costume, sollicitent toutes les ressources et toutes les qualités des acteurs : minauderies de geste et de voix, déguisements plus ou moins bien maîtrisés ou brillamment utilisés, manières recherchées et poussées au burlesque, poses de beaux esprits, mise en scène et lecture d'une production poétique nourrissent un spectacle hautement physique et hautement comique.

À plus d'un égard, Molière reprend donc dans ses *Précieuses ridicules* des procédés de la farce, comme genre assez universel d'ailleurs. Mais il est évident aussi que, et dans la conception et dans la réalisation et dans l'écriture, Molière s'est souvenu des procédés du burlesque et de sa visée parodique. Et l'on peut affirmer avec Patrick Dandrey que Molière a été aussi un « auteur burlesque[20] », avant de trouver son ton propre.

Mais la parodie renvoyait à l'actualité, à des réalités sociales et culturelles, sans se limiter à une pochade hilarante. Si *Les Précieuses* sont une farce géniale, c'est parce qu'elles sont ancrées dans la réalité et ne masquent pas tout à fait de plus sérieuses réflexions ; la pochade donne aussi à songer. On y voit s'ébaucher une réflexion sur les femmes, leur culture, leur place dans la société ; et l'on voit poindre certains des thèmes les plus profonds de l'univers moliéresque, tels celui du refus de soi ou celui de l'illusion.

LE TEXTE

Je suis l'édition originale :

– LES / PRECIEVSES / RIDICVLES. / COMEDIE / *REPRESENTÉE* / *au Petit Bourbon.* / À PARIS, / chez GVILLAVME DE LUYNE, / Libraire-Iuré, au Palais, dans la / Salle des Merciers, à la Iustice. / M. DC. LX. / AVEC PRIVILEGE DU ROY. In-12 : [I-VIII : Titre ; Préface ; Personnages] ; 1-135 [Texte] ; [136 : Privilège].

Cette édition est conservée à la BnF, en plusieurs exemplaires : Rés-Yf-4195 (numérisé : NUMM-70179) et Rés-Yf-4196 (texte numérisé : NUMM-70151 ; lot d'images numérisé : IFN-8610799).

---

20   « Molière, auteur burlesque », *Le Nouveau Moliériste*, n° IX, 2007, p. 11-39.

BIBLIOGRAPHIE

ÉDITIONS

Les Précieuses ridicules. Documents contemporains. Lexique du vocabulaire précieux, éd. critique par Micheline Cuénin, Genève-Paris, Droz-Minard, 1973 (TLF, 200).
Les Précieuses ridicules. Comédie en un acte. 1660, éd. Claude Bourqui, Paris, Le Livre de poche, 1999.

ÉTUDES

ADAM, Antoine, « La genèse des *Précieuses ridicules* », *Revue d'histoire de la philosophie*, 1939, p. 14-46.
AKIYAMA, Nobuko, « Le spectacle en mouvement dans les deux premières comédies en un acte de Molière, *Les Précieuses ridicules* et *Sganarelle* », *Le Nouveau Moliériste*, III, 1996-1997, p. 129-138.
BELIN, Christian, « Les mécanismes d'inversion dans *Les Précieuses ridicules* », [in] *La Communauté et l'exclusion dans la littérature française et francophone*, Opole, Wydawnic two Uniwersyteten Opolskiego, 2017, p. 61-69.
BROOKS, William, « Jodelet and *Les Précieuses ridicules* : performance, farce, and meaning », [in] *Actes du 39ᵉ congrès de la North American Society for Seventeenth-century French literature Tübingen*, Gunter Narr, 2009 (Biblio 17, 180), p. 55-65.
CANOVA-GREEN, Marie-Claude, « Molière et la cartographie du Tendre », [in] *Molière et le romanesque du XXᵉ siècle à nos jours* (4ᵉ colloque de Pézenas), sous la direction de Gabriel Conesa et Jean Emelina, Pézenas, Domens, 2009, p. 328-347.
CORNETTE, Joël, « Et Molière inventa les précieuses ridicules », *L'Histoire*, n° 261, janvier 2002, p. 18-19.
DANDREY, Patrick, « Molière, auteur burlesque », *Le Nouveau Moliériste*, IX, 2007, p. 11-39.

DANDREY, Patrick, « Nouveaux regards sur *Les Précieuses ridicules* à l'occasion du 350ᵉ anniversaire de la création de la pièce (18 novembre 2009) », *Le Nouveau Moliériste*, X, 2013, p. 71-88.

DENIS, Delphine, *Le Parnasse galant. Institution d'une catégorie littéraire au XVIIᵉ siècle*, Paris, Champion, 2001 (Lumière classique, 32).

DEVINCENZO, Giovanna, « Relectures des *Précieuses ridicules* entre affectation langagière et raffinement des mœurs », [in] *Molière Re-Envisioned / Renouveau et renouvellement moliéresques. Reprises contemporaines*, sous la direction de M. J. Muratore, Paris, Hermann, 2018, p. 515-525.

DUBREUIL, Laurent, « La crypte précieuse », [in] *Molière Re-Envisioned / Renouveau et renouvellement moliéresques. Reprises contemporaines*, sous la direction de M. J. Muratore, Paris, Hermann, 2018, p. 97-115.

DUCHÊNE, Roger, « *L'École des femmes* au XVIIᵉ siècle », [in] *Mélanges historiques et littéraires offerts à Georges Mongrédien*, Paris, Société d'études du XVIIᵉ siècle, 1974, p. 143-154.

DUCHÊNE, Roger, « De Sorel à Molière, ou la rhétorique des Précieuses » [in] *Le Langage littéraire au XVIIᵉ siècle. De la rhétorique à la littérature*, édité par Christian Wentzlaff-Eggebert, Tübingen, Gunter Narr, 1991, p. 135-145 (Études littéraires françaises).

DUCHÊNE, Roger, « Précieuses ou Galantes ridicules ? », [in] *Thèmes et genres littéraires aux XVIIᵉ et XVIIIᵉ siècles. Mélanges [...] Jacques Truchet*, Paris, PUF, 1992, p. 357-365.

DUCHÊNE, Roger, *Molière*, Paris, Fayard, 1998.

DUCHÊNE, Roger, *Les Précieuses ou comment l'esprit vint aux femmes*, Paris Fayard, 2001.

DUFOUR-MAÎTRE, Myriam, *Les Précieuses. Naissance des femmes de lettres en France au XVIIᵉ siècle*, Paris, Champion, 1999 (éd. revue, corrigée et augmentée en 2008).

LATHUILLÈRE, Roger, La Préciosité. Étude historique et linguistique, t. I : Position du problème. Les origines, Genève, Droz, 1969.

MAZOUER, Charles, *Le Personnage du naïf dans le théâtre comique du*

Moyen Âge à Marivaux, Paris, Klincksieck, 1979 (Bibliothèque française et romane. Série C, 76).

MAZOUER, Charles, « Madame de Villedieu et Molière », [in] *Madame de Villedieu et le théâtre*, p. p. Nathalie Grande et Edwige Keller-Rahbé, Tübingen, Narr, 2009 (*Biblio 17*, 184), p. 43-54.

PELOUS, Jean-Michel, *Amour précieux, amour galant (1654-1675). Essai sur la représentation de l'amour dans la littérature et la société mondaine*, Paris, Klincksieck, 1980.

RIFFAUD, Alain, « Pour un nouvel examen de *L'École des femmes* (1663) et des *Précieuses ridicules* (1660) de Molière », *Bulletin du bibliophile*, 2010-2, p. 295-321.

SCHERER, Jacques, « Aventures des Précieuses », *R.H.L.F.*, 1972, n° 5-6, p. 850-862.

VARNEY KENNEDY, Theresa, « Revisiting the « Woman Question » in Molière's Theater », [in] *Molière Re-Envisioned / Renouveau et renouvellement moliéresques. Reprises contemporaines*, sous la direction de M. J. Muratore, Paris, Hermann, 2018, p. 417-441.

VIALA, Alain, *La France galante. Essai historique sur une catégorie culturelle, de ses origines jusqu'à la Révolution*, Paris, PUF, 2008 (Les Littéraires).

LES
PRÉCIEUSES
RIDICULES

Comédie
Représentée
au Petit-Bourbon

A PARIS,

Chez Guillaume de Luyne,
Libraire-Juré, au Palais, dans la
Salle des Merciers, à la Justice.

M. DC. LX.

Avec Privilège du Roi.

PRÉFACE

C'est une chose étrange qu'on imprime les gens malgré eux. Je ne vois rien de si injuste, et je pardonnerais toute autre violence plutôt que celle-là[1].

Ce n'est pas que je veuille faire ici l'auteur modeste, et mépriser par honneur[2] ma comédie. J'offenserais mal à propos tout Paris, si je l'accusais d'avoir pu applaudir à une sottise. Comme le public est le juge absolu de ces sortes d'ouvrages, il y aurait de l'impertinence[3] à moi de le démentir ; et quand j'aurais eu la plus mauvaise opinion du monde de mes *Précieuses ridicules* avant leur représentation, je dois croire main [n. p.] tenant qu'elles valent quelque chose, puisque tant de gens ensemble en ont dit du bien. Mais comme une grande partie des grâces qu'on y a trouvées dépendent de l'action[4] et du ton de voix, il m'importait qu'on ne les dépouillât pas de ces ornements ; et je trouvais que le succès qu'elles avaient eu dans la représentation était assez beau, pour en demeurer là. J'avais résolu, dis-je, de ne les faire voir qu'à la chandelle, pour ne point donner lieu à quelqu'un de dire le proverbe[5] ; et je ne voulais pas qu'elles sautassent du théâtre de Bourbon

---

1   Victime du libraire Ribou qui avait cherché à s'approprier frauduleusement le texte des *Précieuses* pour le publier (il obtint même un privilège, c'est-à-dire une autorisation d'imprimer, pour la copie qu'il avait dérobée), Molière dut, pour contrer Ribou, faire imprimer sa comédie à la hâte, et plus tôt qu'il n'aurait désiré, par de Luynes.

2   Par complaisance, par excès de civilité, pour me montrer modeste aux yeux d'autrui.

3   Maladresse, inconvenance.

4   La contenance, les gestes, le débit des acteurs – ce que les orateurs appellent l'*actio*, la mise en œuvre de la parole à travers le corps.

5   « *Chandelle* se dit proverbialement en ces phrases : Cette femme est belle à la chandelle, mais le jour gâte tout, pour dire que la grande lumière

dans la galerie du Palais[6]. Cependant je n'ai pu l'éviter, et je suis tombé dans la disgrâce[7] de voir une copie dérobée de ma pièce entre les mains des libraires, accompagnée d'un privilège obtenu par surprise. J'ai eu beau crier : « Ô temps ! Ô mœurs[8] ! », on m'a fait voir une nécessité pour moi [n. p.] d'être imprimé, ou d'avoir un procès ; et le dernier mal est encore pire que le premier. Il faut donc se laisser aller à la destinée, et consentir à une chose qu'on ne laisserait pas de faire[9] sans moi.

Mon Dieu, l'étrange embarras qu'un livre à mettre au jour ! Et qu'un auteur est neuf la première fois qu'on l'imprime ! Encore si l'on m'avait donné du temps, j'aurais pu mieux songer à moi, et j'aurais pris toutes les précautions que Messieurs les auteurs, à présent mes confrères, ont coutume de prendre en semblables occasions. Outre quelque grand seigneur que j'aurais été prendre malgré lui pour protecteur de mon ouvrage, et dont j'aurais tenté la libéralité[10] par une épître dédicatoire bien fleurie, j'aurais tâché de faire une belle et docte préface ; et je ne manque point de livres qui m'auraient fourni tout ce qu'on peut dire

---

fait aisément découvrir ses défauts » (Furetière). N'oublions pas que le seul éclairage des théâtres était alors réalisé par des chandelles.

6 Nombre de libraires, dont de Luynes, celui de Molière, vendaient leurs nouveautés dans les boutiques installées dans la galerie du Palais de Justice ; *Les Précieuses ridicules* sautent donc du théâtre du Petit-Bourbon, où elles ont été créées et sont jouées, à la galerie du Palais, où, devenues livre, elles sont vendues.

7 Malheur, infortune.

8 C'est le « *O tempora, o mores !* » cicéronien des *Catilinaires*, employé par Molière avec une grandiloquence plaisante.

9 Qu'on ferait néanmoins.

10 Molière se moque ici de ses confrères dramaturges, qui sollicitent la générosité d'un grand en lui dédiant leur ouvrage par une épître dithyrambique. Il raille ensuite les préfaces pédantesques et l'habitude de faire publier en tête de ses livres des vers de complaisance écrits par des amis.

de sa[n. p.]vant sur la tragédie et la comédie, l'étymologie de toutes deux, leur origine, leur définition et le reste. J'aurais parlé aussi à mes amis qui, pour la recommandation de ma pièce, ne m'auraient pas refusé ou des vers français, ou des vers latins. J'en ai même qui m'auraient loué en grec, et l'on n'ignore pas qu'une louange en grec est d'une merveilleuse efficace[11] à la tête d'un livre. Mais on me met au jour[12] sans me donner le loisir de me reconnaître ; et je ne puis même obtenir la liberté de dire deux mots pour justifier mes intentions sur le sujet de cette comédie. J'aurais voulu faire voir qu'elle se tient partout dans les bornes de la satire honnête et permise ; que les plus excellentes choses sont sujettes à être copiées par de mauvais singes, qui méritent d'être bernés[13] ; que ces vicieuses imitations de ce qu'il y a de plus parfait [n. p.] ont été de tout temps la matière de la comédie ; et que, par la même raison que les véritables savants et les vrais braves ne se sont point encore avisés de s'offenser du Docteur de la comédie et du Capitan, non plus que les juges, les princes et les rois de voir Trivelin[14], ou quelque autre sur le théâtre, faire ridiculement le juge, le prince ou le roi, aussi les véritables précieuses auraient tort de se piquer lorsqu'on joue les ridicules qui les imitent mal. Mais enfin, comme j'ai dit, on ne me laisse pas le temps de respirer, et Monsieur de Luynes veut m'aller relier de ce pas. À la bonne heure, puisque Dieu l'a voulu !

---

11 Efficacité.

12 On me publie.

13 *Berner*, c'est, proprement, faire sauter quelqu'un en l'air dans une couverture ; mais le XVIIe siècle connaît déjà le sens figuré de « tourner en ridicule, mystifier ».

14 Le *Dottore*, le *Capitan* et *Trivelin* sont trois personnages de la *commedia dell'arte*. On sait que Molière jouait en alternance avec les comédiens italiens au Petit-Bourbon.

LES PERSONNAGES

LA GRANGE,
DU CROISY[15] } amants rebutés.

GORGIBUS[16], bon bourgeois.

MAGDELON, fille de Gorgibus,
CATHOS,   nièce de Gorgibus } (Précieuses ridicules.)

MAROTTE[17], servante des Précieuses ridicules.

ALMANZOR[18], laquais des Précieuses ridicules.

LE MARQUIS DE MASCARILLE[19], valet de La Grange.

LE VICOMTE DE JODELET, valet de Du Croisy.

DEUX PORTEURS de chaise.

VOISINES.

VIOLONS.

---

15 Ces deux personnages d'amants son désignés par le nom de théâtre des deux acteurs qui les jouent (Charles Varlet, dit *La Grange*, et Philibert Gassot, dit *Du Croisy*).

16 Nous retrouvons ce personnage, présent déjà dans les deux premières farces de Molière.

17 *Marotte* est un diminutif de Marie.

18 Les Précieuses ont donné à leur laquais un nom de roman : *Almanzor* est un personnage du *Polexandre* de Gomberville.

19 *Mascarille* est un type de valet créé par Molière dans *L'étourdi*, et vraisemblablement joué par lui sous le masque (l'espagnol *mascarilla* est le diminutif de *mascara*, « demi-masque »). Le costume de Mascarille dans *Les Précieuses* nous est connu par Mlle Desjardins : grande perruque, petit chapeau, rabat démesuré, luxe de rubans jusque sur les souliers très hauts de talon.

LES
PRÉCIEUSES
RIDICULES

Scène I
LA GRANGE, DU CROISY

DU CROISY

Seigneur[20] La Grange…

LA GRANGE

Quoi ?

DU CROISY   [A] [2]

Regardez-moi un peu sans rire.

LA GRANGE

Eh bien ?

DU CROISY

Que dites-vous de notre visite ? en êtes-vous fort satisfait ?

LA GRANGE

À votre avis, avons-nous [3] sujet de l'être tous deux ?

DU CROISY

Pas tout à fait, à dire vrai.

---

20   Ce seigneur lancé par Du Croisy est teinté d'ironie.

LA GRANGE

Pour moi, je vous avoue que j'en suis tout scandalisé[21].
A-t-on jamais vu, dites-moi, deux pecques[22] provinciales
faire plus les renchéries[23] que celles-là, et deux hommes
traités avec plus de mépris que nous ? À peine ont-elles pu
se résoudre à nous faire donner des sièges. Je n'ai jamais
vu [A ij][4] tant parler à l'oreille[24] qu'elles ont fait entre
elles, tant bâiller, tant se frotter les yeux, et demander tant
de fois : « Quelle heure est-il ? » Ont-elles répondu que
oui et non[25] à tout ce que nous avons pu leur dire ? Et ne
m'avouerez-vous pas enfin que, quand nous aurions été les
dernières personnes du monde[26], on ne pouvait nous faire
pis qu'elles ont fait ?

DU CROISY

Il me semble que vous prenez la chose fort à cœur.

LA GRANGE   [5]

Sans doute je l'y prends[27], et de telle façon que je veux
me venger de cette impertinence. Je connais[28] ce qui nous a
fait mépriser. L'air précieux[29] n'a pas seulement infecté Paris,
il s'est aussi répandu dans les provinces, et nos donzelles[30]
ridicules en ont humé leur bonne part. En un mot, c'est un

---

21 Troublé, irrité.
22 Comprenons : deux *pécores* (dont *pecques* pourrait être l'abréviation),
    deux filles bêtes, stupides. Les dictionnaires du temps donnent diverses
    explications de ce mot considéré comme burlesque et injurieux.
23 *Faire la renchérie*, c'est être vaine, dédaigneuse.
24 *Parler à l'oreille* en public est marque d'incivilité, de même que donner
    des manifestations de son ennui.
25 Ne se sont-elles pas contentées de répondre par de simples *oui* ou *non* ?
26 Dans la hiérarchie sociale.
27 Sans aucun doute, je prends la chose fort à cœur (*y* représente à *cœur*).
28 Je comprends, je me rends compte de.
29 L'air transporte la maladie épidémique de la préciosité.
30 Terme familier, utilisé dans le registre burlesque.

ambigu[31] de précieuse et de coquette que leur personne. Je vois ce qu'il faut être pour en être bien reçu ; et si vous m'en croyez, nous leur joue[A iij][6]rons tous deux une pièce[32] qui leur fera voir leur sottise, et pourra leur apprendre à connaître un peu mieux leur monde.

DU CROISY

Et comment encore ?

LA GRANGE

J'ai un certain valet nommé Mascarille, qui passe, au sentiment de beaucoup de gens, pour une manière de bel esprit[33], car il n'y a rien à meilleur marché que le bel esprit maintenant. C'est un [7] extravagant, qui s'est mis dans la tête de vouloir faire l'homme de condition[34]. Il se pique ordinairement de galanterie[35] et de vers, et dédaigne les autres valets jusqu'à les appeler brutaux[36].

DU CROISY

Eh bien, qu'en prétendez-vous faire ?

LA GRANGE

Ce que j'en prétends faire ? Il faut… Mais sortons d'ici auparavant.

---

31 Mélange ; au sens propre, *l'ambigu* « est une collation lardée où l'on sert la viande et le fruit ensemble » (Furetière).
32 Farce, tour.
33 *Un bel esprit* s'exprime avec élégance et s'y entend en littérature.
34 Un *homme de condition* est inférieur à un homme de qualité, mais dépasse évidemment l'homme du peuple qu'est le valet.
35 Élégance, raffinement dans les manières, esprit et charme.
36 *Brutal* : grossier, bestial.

Scène II   [8]
GORGIBUS, DU CROISY, LA GRANGE

GORGIBUS
Eh bien, vous avez vu ma nièce et ma fille ; les affaires
iront-elles bien ? Quel est le résultat de cette visite ?

LA GRANGE
C'est une chose que vous [9] pourrez mieux apprendre
d'elles que de nous. Tout ce que nous pouvons vous dire,
c'est que nous vous rendons grâce de la faveur que vous
nous avez faite, et demeurons vos très humbles serviteurs[37].

GORGIBUS [, *seul*][38]
Ouais ! il semble qu'ils sortent mal satisfaits d'ici. D'où
pourrait venir leur mécontentement ? Il faut savoir un peu
ce que c'est. Holà !

Scène III   [10]
MAROTTE, GORGIBUS

MAROTTE
Que désirez-vous, Monsieur ?

GORGIBUS
Où sont vos maîtresses ?

MAROTTE   [11]
Dans leur cabinet[39].

---

37 Par cette formule, les deux jeunes gens prennent congé de manière très
    sèche.
38 Didascalie ajoutée en 1734.
39 Lieu le plus retiré dans une grande maison.

GORGIBUS

Que font-elles ?

MAROTTE

De la pommade pour les lèvres.

GORGIBUS

C'est trop pommadé[40]. Dites-leur qu'elles descendent !
[12] Ces pendardes-là[41], avec leur pommade, ont, je pense,
envie de me ruiner. Je ne vois partout que blancs d'œufs, lait
virginal, et mille autres brimborions que je ne connais point.
Elles ont usé, depuis que nous sommes ici, le lard d'une
douzaine de cochons, pour le moins, et quatre valets vivraient
tous les jours des pieds de mouton qu'elles emploient[42].

Scène IV   [13]

MAGDELON, CATHOS, GORGIBUS

GORGIBUS

Il est bien nécessaire, vraiment, de faire tant de dépense
pour vous graisser le museau. Dites-moi un peu ce que
vous avez fait à ces Messieurs, que[43] je les vois sortir avec
tant de froideur ? Vous avais-je pas commandé[14] de les
recevoir comme des personnes que je voulais vous donner
pour maris ?

---

40 Néologisme sur *pommade*, créé par Gorgibus dans sa colère.
41 Le féminin *pendardes*, appliquée à deux jeunes bourgeoises, est rare ; c'est
    plutôt un valet qu'on traite de *pendard* (« qui mérite d'être pendu ») !
42 Le *lait virginal* est une liqueur cosmétique pour blanchir les mains et
    le visage, lui donner une fraîcheur virginale ; *l'œuf*, le *lard* et les *pieds de
    mouton* entrent dans la composition des produits de beauté du temps.
43 *Que* consécutif, que la langue classique peut employer seul (comprendre :
    qu'avez-vous fait de tellement désagréable… que).

MAGDELON

Et quelle estime, mon père, voulez-vous que nous fassions du procédé irrégulier[44] de ces gens-là ?

CATHOS

Le moyen, mon oncle, qu'une fille un peu raisonnable se pût accommoder de leur personne ?

GORGIBUS   [15]

Et qu'y trouvez-vous à redire ?

MAGDELON

La belle galanterie que la leur ! Quoi ? débuter d'abord par le mariage ?

GORGIBUS

Et par où veux-tu donc qu'ils débutent ? par le concubinage ? N'est-ce pas un procédé dont vous avez sujet de [16] vous louer toutes deux, aussi bien que moi ? Est-il rien de plus obligeant que cela ? Et ce lien sacré où ils aspirent n'est-il pas un témoignage de l'honnêteté de leurs intentions ?

MAGDELON

Ah ! mon père, ce que vous dites là est du dernier[45] bourgeois. Cela me fait honte de vous ouïr parler de la sorte, et vous devriez un peu vous faire apprendre le bel air des choses[46].

---

44 Manière de faire qui n'est pas comme il faut, qui est contraire aux règles et rites suivis par les galants des romans.

45 *Du dernier* suivi de l'adjectif est une manière de marquer le superlatif qui fut d'abord du langage précieux ou du langage galant ; les pecques emploieront encore ce tour à la sc. 9. Dans leur bouche, *bourgeois* est la pire des insultes, pour dire « commun, grossier, épais » !

46 La manière distinguée d'agir.

GORGIBUS   [17]

Je n'ai que faire ni d'air ni de chanson. Je te dis que le mariage est une chose sainte et sacrée, et que c'est faire en honnêtes gens que de débuter par là.

MAGDELON

Mon Dieu, que si tout le monde vous ressemblait, un roman serait bientôt fini ! La belle chose que ce serait, si d'abord Cyrus épousait Mandane, et qu'Aronce de [B] [18] plain-pied[47] fût marié à Clélie[48] !

GORGIBUS

Que me vient conter celle-ci ?

MAGDELON

Mon père, voilà ma cousine qui vous dira, aussi bien que moi, que le mariage ne doit jamais arriver qu'après les autres aventures. Il faut qu'un amant, pour être agréable, sache débiter les beaux sentiments, pousser[49] le doux, le tendre et le passionné, et que sa recherche[50] soit [19] dans les formes. Premièrement, il doit voir au temple[51], ou à la promenade, ou dans quelque cérémonie publique, la personne dont il

---

47   Sans difficulté.

48   Noms de deux couples d'amants qu'on trouvait dans les deux romans célèbres alors de Mlle de Scudéry : *Artamène ou Le Grand Cyrus*, et *La Clélie* ; ces amants ne se voyaient réunis qu'après une longue quête, émaillée de multiples aventures, dont Magdelon va bientôt donner le schéma.

49   L'emploi de *débiter* et de *pousser*, nullement péjoratifs dans la bouche de Magdelon pour l'expression des sentiments, est une raillerie de la part de Molière vis-à-vis de ses précieuses.

50   Poursuite amoureuse.

51   Pour éviter le mot église, on se sert du masque de l'Antiquité et on emploie *temple*, mot du beau langage de surcroît. Mais dans *Tartuffe* (v. 283), Molière n'hésitera pas à parler de l'église.

devient amoureux ; ou bien être conduit fatalement[52] chez
elle par un parent ou un ami, et sortir de là tout rêveur et
mélancolique. Il cache un temps sa passion à l'objet aimé[53], et
cependant lui rend plusieurs visites, où l'on ne manque jamais
de mettre sur le tapis une question galante[54] qui exerce les
esprits de l'assemblée. Le jour de la déclaration arrive, qui se
doit faire [B ij] [20] ordinairement dans une allée de quelque
jardin, tandis que la compagnie s'est un peu éloignée ; et
cette déclaration est suivie d'un prompt courroux, qui paraît
à notre rougeur, et qui, pour un temps, bannit l'amant de
notre présence. Ensuite il trouve moyen de nous apaiser, de
nous accoutumer insensiblement au discours de sa passion,
et de tirer de nous cet aveu qui fait tant de peine. Après cela
viennent les aventures, les rivaux qui se jettent à la traverse
d'une inclination établie, les persé[21]cutions des pères, les
jalousies conçues sur de fausses apparences, les plaintes, les
désespoirs, les enlèvements, et ce qui s'ensuit[55]. Voilà comme
les choses se traitent dans les belles manières, et ce sont des
règles dont en bonne galanterie, on ne saurait se dispenser.
Mais en venir de but en blanc à l'union conjugale, ne faire
l'amour[56] qu'en faisant le contrat du mariage, et prendre
justement le roman par la queue ! Encore un coup, mon père,
il ne se peut rien de plus marchand[57] que ce procédé ; et j'ai
mal au cœur [B iij] [22] de la seule vision[58] que cela me fait.

---

52   Par la fatalité, ce qui est plus noble qu'un arrangement matrimonial
      bourgeois !
53   La femme aimée.
54   Allusion à ces questions d'amour à la mode, que l'on soutenait et dis-
      putait comme une thèse (p. ex. : l'amour platonique est-il possible ?).
55   Telles sont toutes les étapes de l'aventure amoureuse selon les romans
      galants.
56   Faire sa cour.
57   Digne d'un marchand, grossier ; aussi péjoratif que *bourgeois*.
58   La seule idée d'une cour aussi peu romanesque lui lève le cœur.

GORGIBUS

Quel diable de jargon entends-je ici ? Voici bien du haut style.

CATHOS

En effet, mon oncle, ma cousine donne dans le vrai de la chose[59]. Le moyen de bien recevoir des gens qui sont tout à fait incongrus en galanterie[60] ? Je m'en vais gager qu'ils n'ont jamais vu la carte de Tendre[61], et que Billets-[23] Doux, Petits-Soins, Billets-Galants et Jolis-Vers sont des terres inconnues pour eux. Ne voyez-vous pas que toute leur personne marque cela, et qu'ils n'ont point cet air qui donne d'abord[62] bonne opinion des gens ? Venir en visite amoureuse avec une jambe toute unie, un chapeau désarmé de plumes, une tête irrégulière en cheveux, et un habit qui souffre une indigence de rubans[63] ! Mon Dieu, quels amants sont-ce là ? Quelle frugalité d'ajustement, et quelle sécheresse de conversation ! On n'y dure[64] point, [24] on n'y tient pas. J'ai remarqué encore que leurs rabats ne sont pas de la bonne faiseuse, et qu'il s'en faut d'un grand demi-pied que leurs hauts-de-chausses ne soient assez larges[65].

---

59 Traduction : dit les choses comme il faut.

60 Cathos donne de bons témoignages du style précieux.

61 La fameuse *Carte de Tendre* parut au t. I de la *Clélie* de Mlle de Scudéry, en 1654. *Petits-Soins* est une localité où doivent passer ceux qui vont à *Tendre-sur-Reconnaissance* ; *Jolis-Vers*, *Billets-Galant* et *Billets-Doux* sont des étapes sur la route qui conduit à *Tendre-sur-Estime*.

62 Aussitôt.

63 C'est-à-dire que l'habillement des jeunes gens est sobre (*frugalité d'ajustement* !) : ils ne portent pas de canons (ornements de dentelle qui s'attachaient au-dessus du genou) ; leur chapeau est sans plume (avec la métaphore guerrière de *désarmé*) ; leurs cheveux ne sont point frisés ; et leur habit manque de rubans.

64 On ne peut pas rester avec cela, le supporter.

65 L'habillement intéresse décidément les précieuses ! Les *rabats* étaient des cols de toile qui se rabattaient sur la poitrine ; les *hauts-de-chausses* se

GORGIBUS

Je pense qu'elles sont folles toutes deux, et je ne puis rien comprendre à ce baragouin. Cathos, et vous, Magdelon…

MAGDELON

Eh ! de grâce, mon père, [25] défaites-vous de ces noms étranges, et nous appelez autrement[66] !

GORGIBUS

Comment, ces noms étranges ? Ne sont-ce pas vos noms de baptême ?

MAGDELON

Mon Dieu, que vous êtes vulgaire ! Pour moi, un de mes étonnements, c'est que vous ayez pu faire une fille si spirituelle[67] que moi. A-t-on jamais parlé dans le beau style [C] [26] de Cathos ni de Magdelon ? et ne m'avouerez-vous pas que ce serait assez d'un de ces noms pour décrier le plus beau roman du monde ?

CATHOS

Il est vrai, mon oncle, qu'une oreille un peu délicate pâtit furieusement[68] à entendre prononcer ces mots-là ; et le nom de Polyxène, que ma cousine a choisi, et celui d'Aminte[69], que je me suis donné, ont une grâce dont il faut que vous demeuriez d'accord.

---

portaient désormais plus bouffants.

66 *Cathos* (qui se prononçait *Catau*) comme *Magdelon* sont des diminutifs bien populaires de Catherine et de Madeleine ; on comprend d'autant plus que les précieuses veuillent abandonner ces prénoms qu'elles considèrent comme scandaleux (*étranges*), et suivre la mode de se trouver un nom d'emprunt !

67 Dégagée de la vulgarité de la matière et pleine d'esprit, selon Mme Cuénin.

68 Avec fureur. Il n'est point de précieuse qui ne le dise cent fois le jour, écrit un contemporain ; c'est du langage galant et mondain.

69 Deux noms empruntés à des romans, *Polyxène* et *Polexandre* ; Polyxène est aussi une héroïne de *La Précieuse* de l'abbé de Pure.

GORGIBUS   [27]

Écoutez, il n'y a qu'un mot qui serve[70] : je n'entends point que vous ayez d'autres noms que ceux qui vous ont été donnés par vos parrains et marraines ; et pour ces Messieurs dont il est question, je connais leurs familles et leurs biens, et je veux résolument que vous vous disposiez à les recevoir pour maris. Je me lasse de vous avoir sur les bras, et la garde de deux filles est une charge un peu trop pesante pour un homme de mon âge.

CATHOS   [C ij][28]

Pour moi, mon oncle, tout ce que je vous puis dire, c'est que je trouve le mariage une chose tout à fait choquante. Comment est-ce qu'on peut souffrir la pensée de coucher contre un homme vraiment nu ?

MAGDELON

Souffrez[71] que nous prenions un peu haleine parmi le beau monde de Paris, où nous ne faisons que d'arriver. Laissez-[29]nous faire à loisir le tissu de notre roman, et n'en pressez point tant la conclusion.

GORGIBUS

Il n'en faut point douter, elles sont achevées. Encore un coup, je n'entends rien à toutes ces balivernes. Je veux être maître absolu ; et pour trancher toutes sortes de discours, ou vous serez mariées toutes deux avant qu'il soit peu, ou, ma foi, vous serez religieuses, j'en fais un bon serment.

---

70   « C'est-à-dire, il faut parler franc et sans déguisement » (Richelet).
71   Permettez, supportez.

Scène v   [C iij] [30]
[CATHOS, MAGDELON]

CATHOS

Mon Dieu, ma chère[72], que ton père a la forme enfoncée
dans la matière[73] ! que son intelligence est épaisse, et qu'il
fait sombre dans son âme !

MAGDELON   [31]

Que veux-tu, ma chère, j'en suis en confusion pour lui.
J'ai peine à me persuader que je puisse être véritablement sa
fille, et je crois que quelque aventure, un jour, me viendra
développer[74] une naissance plus illustre.

CATHOS

Je le croirais bien ; oui, il y a toutes les apparences du
monde. Et pour moi, quand je me regarde aussi…

Scène vi   [32]
MAROTTE, CATHOS, MAGDELON

MAROTTE

Voilà un laquais qui demande si vous êtes au logis, et
dit que son maître vous veut venir voir.

---

72 Comme on le voit, les précieuses abusent de l'expression.
73 Souvenir d'Aristote : la *forme* de Gorgibus, son âme, est enfoncée dans
    sa *matière*, son corps.
74 Faire connaître. Comme dans les romans.

MAGDELON   [33]

Apprenez, sotte, à vous énoncer moins vulgairement[75] !
Dites : « Voilà un nécessaire[76] qui demande si vous êtes en
commodité d'être visibles. »

MAROTTE

Dame, je n'entends point le latin, et je n'ai pas appris,
comme vous, la filofie dans *Le Grand Cyre*[77].

MAGDELON

L'impertinente[78] ! Le moyen [34] de souffrir cela ? Et
qui est-il, le maître de ce laquais ?

MAROTTE

Il me l'a nommé le marquis de Mascarille.

MAGDELON

Ah ! ma chère, un marquis[79] ! Oui, allez dire qu'on
nous peut voir ! C'est sans doute un bel esprit qui aura
ouï parler de nous.

CATHOS

Assurément, ma chère.

---

75 De manière moins banale, moins commune.
76 « Les précieuses ont appelé un laquais un *nécessaire*, parce qu'on en a
    toujours besoin » (Furetière).
77 Marotte déforme plus ou moins gravement les mots : *filofie* pour *philosophie*
    et *Le Grand Cyre* pour *Le Grand Cyrus* de Mlle de Scudéry.
78 La sotte, qui agit mal à propos.
79 Les pecques ne savent apparemment pas que marquis est un titre très
    dévalorisé.

MAGDELON　　　　　　　[35]

Il faut le recevoir dans cette salle basse, plutôt qu'en notre chambre[80]. Ajustons un peu nos cheveux au moins, et soutenons notre réputation. Vite, venez nous tendre ici dedans le conseiller des grâces[81] !

MAROTTE

Par ma foi, je ne sais point quelle bête c'est là. Il faut parler chrétien[82], si vous voulez que je vous entende !

CATHOS　　　　　　　[36]

Apportez-nous le miroir, ignorante que vous êtes ! Et gardez-vous bien d'en salir la glace par la communication de votre image ! [(*Elles sortent.*)][83]

Scène VII　　　　　　[37]

MASCARILLE, DEUX PORTEURS

MASCARILLE

Holà, porteurs[84], holà ! Là, là, là, là, là, là. Je pense que ces marauds-là ont dessein de me briser, à force de heurter contre les murailles et les pavés.

80　Les précieuses de Molière reçoivent au rez-de-chaussée et non, comme les vraies précieuses, dans leur chambre aménagée en ruelle (voir *infra*, la note 125).

81　Le miroir, que Marotte va leur apporter *ici dedans*, dans un cabinet proche probablement.

82　*Parler chrétien*, c'est parler un langage qu'on puisse entendre (« un style qui ne ressente plus le paganisme », précise Furetière).

83　Didascalie de 1734.

84　L'invention des chaises à porteurs couvertes est récente. Les galants se devaient d'y recourir.

PREMIER PORTEUR   [38]
Dame, c'est que la porte est étroite. Vous avez voulu aussi que nous soyons entrés jusqu'ici.

MASCARILLE
Je le crois bien. Voudriez-vous, faquins[85], que j'exposasse l'embonpoint[86] de mes plumes aux inclémences de la saison pluvieuse ? et que j'allasse imprimer mes souliers en boue[87] ? Allez, ôtez votre chaise d'ici !

DEUXIÈME PORTEUR   [39]
Payez-nous donc, s'il vous plaît, Monsieur !

MASCARILLE
Hem ?

DEUXIÈME PORTEUR
Je dis, Monsieur, que vous nous donniez de l'argent, s'il vous plaît.

MASCARILLE, *lui donnant un soufflet*
Comment, coquin, de[40]mander de l'argent à une personne de ma qualité ?

DEUXIÈME PORTEUR
Est-ce ainsi qu'on paye les pauvres gens ? et votre qualité nous donne-t-elle à dîner[88] ?

---

85 Au sens propre (vieilli au XVIIᵉ siècle), le *faquin* est le porteur, le portefaix ; ici, terme de mépris : « canaille, misérable ».
86 L'état de bonne santé, bonne mine ; mot plaisant quand il est appliqué aux vastes plumes qui ornent le chapeau de Mascarille !
87 Crotter mes souliers.
88 Le *dîner* est le repas du milieu du jour.

MASCARILLE

Ah ! ah ! ah ! je vous apprendrai à vous connaître ! Ces
canailles-là s'osent jouer[89] à moi.

PREMIER PORTEUR,
prenant un des bâtons de sa chaise

Çà, payez-nous vitement[90] !

MASCARILLE   [41]

Quoi ?

PREMIER PORTEUR

Je dis que je veux avoir de l'argent tout à l'heure[91].

MASCARILLE

Il est raisonnable[92].

PREMIER PORTEUR

Vite donc !

MASCARILLE   [D] [42]

Oui-da. Tu parles comme il faut, toi ; mais l'autre est
un coquin qui ne sait ce qu'il dit. Tiens ! Es-tu content ?

PREMIER PORTEUR

Non, je ne suis pas content : vous avez donné un soufflet
à mon camarade, et... [(*Levant son bâton*[93].)]

---

89   En osant s'attaquer au marquis de Mascarille, en s'y frottant, les porteurs
     n'ont pas conscience de leur rang très inférieur.
90   Vite, rapidement.
91   Sur-le-champ.
92   Ce porteur est raisonnable, ou : cela est raisonnable.
93   Didascalie ajoutée en 1734.

MASCARILLE

Doucement. Tiens, voilà pour le soufflet ! On obtient tout de moi, quand on s'y prend de la bonne façon. Allez, venez me reprendre tantôt pour aller au Louvre, au petit coucher[94] !

Scène VIII   [43]
MAROTTE, MASCARILLE

MAROTTE

Monsieur, voilà mes maîtresses qui vont venir tout à l'heure.

MASCARILLE

Qu'elles ne se pressent point : je suis ici posté com[D ij] [44]modément pour attendre.

MAROTTE

Les voici !

Scène IX
MAGDELON, CATHOS,
MASCARILLE, ALMANZOR

MASCARILLE, *après avoir salué*

Mesdames[95], vous serez surprises, sans doute, de l'audace de ma visite ; mais votre réputation vous attire

---

94 Mascarille ne risque pas d'assister au petit coucher du roi : seuls restaient alors auprès de lui, avant qu'il ne se couche effectivement, les officiers de la chambre les plus nécessaires et quelques privilégiés.

95 Appeler *mesdames* des jeunes filles de la bourgeoisie, c'est les flatter en leur donnant un titre réservé aux femmes haut titrées ; mais c'est aussi la manière commune de dire dans le style noble des romans et du théâtre.

cette méchante[96] affaire, [45] et le mérite a, pour moi, des charmes[97] si puissants que je cours partout après lui.

MAGDELON

Si vous poursuivez le mérite, ce n'est pas sur nos terres que vous devez chasser.

CATHOS

Pour voir chez nous le mérite, il a fallu que vous l'y ayez amené.

MASCARILLE   [46]

Ah ! je m'inscris en faux contre vos paroles. La renommée accuse[98] juste, en contant ce que vous valez ; et vous allez faire pic, repic et capot[99] tout ce qu'il y a de galant dans Paris.

MAGDELON

Votre complaisance pousse un peu trop avant la libéralité de ses louanges ; et nous n'avons garde, ma cousine et moi, de donner de notre sé[47]rieux dans le doux de votre flatterie[100].

CATHOS

Ma chère, il faudrait faire donner des sièges.

MAGDELON

Holà, Almanzor !

---

96 Mauvaise.
97 Une force magique qui m'attire comme un sortilège.
98 Déclare.
99 Marquer des points et n'en laisser marquer aucun par son adversaire au
     jeu de piquet.
100 Traduction : de répondre à la douceur de votre compliment.

ALMANZOR

Madame.

MAGDELON

Vite, voiturez-nous ici les commodités de la conversation[101] !   [48]

MASCARILLE

Mais au moins, y a-t-il sûreté ici pour moi ?

CATHOS

Que craignez-vous ?

MASCARILLE   [49]

Quelque vol de mon cœur, quelque assassinat de ma franchise[102]. Je vois ici des yeux qui ont la mine d'être de fort mauvais garçons, de faire insulte aux libertés, et de traiter une âme de Turc à More[103]. Comment diable, d'abord qu'on[104] les approche, ils se mettent sur leur garde meurtrière[105] ? Ah ! par ma foi, je m'en défie, et je m'en vais gagner au pied[106], ou je veux caution bourgeoise[107] qu'ils ne me feront point de mal.

MAGDELON   [E] [50]

Ma chère, c'est le caractère enjoué.

---

101 Expression précieuse pour désigner les fauteuils ; à noter que certains fauteuils, dont le dossier pouvait se hausser ou s'abaisser, étaient appelés effectivement chaises de commodité.

102 Liberté.

103 *Traiter de Turc à Maure* : « agir avec quelqu'un dans la dernière rigueur, ne lui relâcher rien » (Furetière).

104 Dès qu'on.

105 Une *garde* est une posture pour l'escrime ; meurtrière, elle vise à tuer l'adversaire.

106 Fuir, en langage trivial.

107 Un répondant solvable, comme un bourgeois bien connu de la ville.

CATHOS

Je vois bien que c'est un Amilcar[108].

MAGDELON

Ne craignez rien, nos yeux n'ont point de mauvais desseins, et votre cœur peut dormir en assurance sur leur prud'homie[109].

CATHOS   [51]

Mais de grâce, Monsieur, ne soyez pas inexorable à ce fauteuil qui vous tend les bras, il y a un quart d'heure ; contentez un peu l'envie qu'il a de vous embrasser.

MASCARILLE, *après s'être peigné*[110]
et avoir ajusté ses canons[111]

Eh bien, Mesdames, que dites-vous de Paris ?

MAGDELON   [E ij] [52]

Hélas ! qu'en pourrions-nous dire ? Il faudrait être l'antipode[112] de la raison, pour ne pas confesser que Paris est le grand bureau[113] des merveilles, le centre du bon goût, du bel esprit et de la galanterie.

------

108 Personnage de la *Clélie*, type de l'amant gai et empressé auprès des dames.
109 Honnêteté, droiture.
110 *Les Lois de la galanterie* de Sorel (1644, puis 1658) conseillaient, après les premiers compliments, de peigner sa perruque ou ses cheveux. Dans la scène, Molière s'inspire plusieurs fois de ce texte.
111 Voir *supra* la n. 63 sur cet ornement de la culotte. Comme le reste du costume de Mascarille, les canons étaient fastueux, amples et surabondamment embellis de rubans.
112 L'opposé ; l'emploi figuré de ce mot n'est pas propre aux précieux.
113 Le *bureau* est l'agence, le magasin, et, d'une manière générale, le lieu où on trouve ce dont on a besoin.

MASCARILLE

Pour moi, je tiens que hors de Paris, il n'y a point de salut pour les honnêtes gens.

CATHOS   [53]

C'est une vérité incontestable.

MASCARILLE

Il y fait un peu crotté ; mais nous avons la chaise.

MAGDELON

Il est vrai que la chaise est un retranchement merveilleux contre les insultes de la boue et du mauvais temps[114].

MASCARILLE   [E iij] [54]

Vous recevez beaucoup de visites ? Quel bel esprit est des vôtres ?

MAGDELON

Hélas ! nous ne sommes pas encore connues ; mais nous sommes en passe de l'être, et nous avons une amie particulière qui nous a promis d'amener ici tous ces Messieurs du *Recueil des pièces choisies*[115].

CATHOS   [55]

Et certains autres, qu'on nous a nommés aussi pour être les arbitres souverains des belles choses.

---

114 Traduction : la chaise empêche que l'on ne se crotte.

115 Allusion aux volumes de *Poésies choisies…* publiés par Ch. de Sercy depuis 1653, et qui rassemblaient à chaque fois près de 150 poètes (ce qui ferait beaucoup de messieurs à recevoir !) ; dans le plus récent on trouvait les noms de P. Corneille, Benserade, Scudéry, Boisrobert…

MASCARILLE

C'est moi qui ferai votre affaire mieux que personne : ils me rendent tous visite ; et je puis dire que je ne me lève jamais sans une demi-douzaine de beaux esprits[116].

MAGDELON

Eh ! mon Dieu, nous vous [E iiij] [56] serons obligées de la dernière[117] obligation, si vous nous faites cette amitié ; car enfin il faut avoir la connaissance de tous ces Messieurs-là, si l'on veut être du beau monde. Ce sont ceux qui donnent le branle à la réputation dans Paris, et vous savez qu'il y en a tel dont il ne faut que la seule fréquentation pour vous donner bruit[118] de connaisseuse, quand il n'y aurait rien autre chose que cela. Mais pour moi, ce que je considère particulièrement, c'est que, par le moyen de ces visites spiri[57]tuelles[119], on est instruite de cent choses, qu'il faut savoir de nécessité, et qui sont de l'essence d'un bel esprit. On apprend par là, chaque jour, les petites nouvelles galantes, les jolis commerces[120] de prose et de vers. On sait à point nommé : « Un tel a composé la plus jolie pièce du monde sur un tel sujet ; une telle a fait des paroles sur un tel air ; celui-ci a fait un madrigal sur une jouissance ; celui-là a composé des stances sur une infidélité ; Monsieur un tel écrivit hier au soir un sixain à Mademoiselle une [58] telle, dont elle lui a envoyé la réponse ce matin sur les huit heures ; un tel auteur a fait un tel dessein[121] ; celui-là

---

116 Mascarille prétend recevoir les écrivains à son petit lever, comme les grands seigneurs.
117 Voir *supra* la note 45.
118 Renommée.
119 Qui exercent l'esprit.
120 Échanges de textes qui se font, comme le remarque G. Couton, par manuscrits qu'on recopie et qu'on se transmet.
121 A tel projet littéraire.

en est à la troisième partie de son roman ; cet autre met ses ouvrages sous la presse[122]. » C'est là ce qui vous fait valoir dans les compagnies ; et si l'on ignore ces choses, je ne donnerais pas un clou de tout l'esprit qu'on peut avoir.

CATHOS

En effet, je trouve que c'est renchérir sur le ridicule[123], qu'une personne se pique d'esprit, [59] et ne sache pas jusqu'au moindre petit quatrain qui se fait chaque jour ; et pour moi, j'aurais toutes les hontes du monde s'il fallait qu'on vînt à me demander si j'aurais vu quelque chose de nouveau, que je n'aurais pas vu.

MASCARILLE

Il est vrai qu'il est honteux de n'avoir pas des premiers tout ce qui se fait ; mais ne vous mettez pas en peine : je veux établir chez vous une Académie[124] de beaux esprits, [60] et je vous promets qu'il ne se fera pas un bout de vers dans Paris que vous ne sachiez par cœur avant tous les autres. Pour moi, tel que vous me voyez, je m'en escrime un peu quand je veux ; et vous verrez courir de ma façon, dans les belles ruelles[125] de Paris, deux cents chansons,

---

122 Ces potins littéraires animaient la société précieuse ; ils renvoient à des réalités : on avait écrit des pièces sur une infidélité ou sur une jouissance, on pratiquait volontiers le madrigal ou les stances, on répondait à des vers, etc.

123 Augmenter son ridicule.

124 Une société littéraire à l'image de la célèbre Académie fondée par Richelieu.

125 Au sens restreint, la *ruelle* est l'espace laissé entre un côté du lit et le mur, où l'on peut mettre des sièges et s'installer en vue de la conversation. Par extension, « *ruelle* se dit aussi des alcôves et des lieux parés où les dames reçoivent leurs visites, soit dans le lit, soit sur des sièges. Les galants se piquent d'être gens de ruelles, d'aller faire de belles visites. Les poètes vont lire leurs ouvrages dans les ruelles pour briguer l'approbation des dames » (Furetière).

autant de sonnets, quatre cents épigrammes et plus de mille madrigaux, sans compter les énigmes et les portraits[126].

MAGDELON

Je vous avoue que je suis furieusement pour les portraits ; je ne vois rien de si [61] galant que cela.

MASCARILLE

Les portraits sont difficiles, et demandent un esprit profond. Vous en verrez de ma manière, qui ne vous déplairont pas.

CATHOS

Pour moi, j'aime terriblement les énigmes.

MASCARILLE

Cela exerce l'esprit, et j'en ai fait quatre encore ce matin, que je vous donnerai à deviner.

MAGDELON   [62]

Les madrigaux sont agréables, quand ils sont bien tournés.

MASCARILLE

C'est mon talent particulier ; et je travaille à mettre en madrigaux toute l'histoire romaine[127].

MAGDELON

Ah ! certes, cela sera du dernier beau. J'en retiens un exemplaire au moins, si vous le faites imprimer.

---

126 Tous les genres énumérés par Mascarille furent pratiqués par les poètes précieux. Ce sont ces petits genres galants en vogue chez les mondains, à l'égal de l'impromptu.

127 Entreprise particulièrement bouffonne que de vouloir faire rentrer l'histoire romaine dans ces petites pièces de vers à thème généralement galant !

MASCARILLE   [63]

Je vous en promets à chacune un, et des mieux reliés. Cela est au-dessous de ma condition ; mais je le fais seulement pour donner à gagner aux libraires, qui me persécutent[128].

MAGDELON

Je m'imagine que le plaisir est grand de se voir imprimé.

MASCARILLE

Sans doute. Mais à propos, [64] il faut que je vous die[129] un impromptu que je fis hier chez une duchesse de mes amies, que je fus visiter ; car je suis diablement fort sur les impromptus.

CATHOS

L'impromptu est justement la pierre de touche de l'esprit.

MASCARILLE

Écoutez donc !

MAGDELON   [65]

Nous y sommes de toutes nos oreilles.

MASCARILLE

Oh, oh ! je n'y prenais pas garde :
Tandis que, sans songer à mal, je vous regarde,
Votre œil en tapinois me dérobe mon cœur.
Au voleur, au voleur, au voleur, au voleur !

---

128 Mascarille tranche du gentilhomme, qui, à la différence des autres écrivains, ne veut tirer aucun profit de ses œuvres ; et pourtant les libraires se les arrachent !

129 Comme *dise*.

CATHOS

Ah ! mon Dieu ! voilà qui est poussé dans le dernier galant.

MASCARILLE

Tout ce que je fais a l'air cavalier ; cela ne sent point le pédant[130].

MAGDELON   [F] [66]

Il[131] en est éloigné de plus de deux mille lieues.

MASCARILLE

Avez-vous remarqué[132] ce commencement : *Oh, oh ?* Voilà qui est extraordinaire : *oh, oh !* Comme un homme qui s'avise[133] tout d'un coup : *oh, oh !* La surprise : *oh, oh !*

MAGDELON

Oui, je trouve ce *oh, oh !* admirable.

MASCARILLE   [67]

Il semble que cela ne soit rien.

---

130 Opposition de ce qui est *cavalier,* digne d'un gentilhomme, d'un amateur éclairé, et de ce qui sent son *pédant* – ce savant, ce tâcheron des lettres qui répugne désormais aux beaux esprits et aux honnêtes gens.

131 Cela.

132 Merveilleuse idée que de faire commenter, de manière suffisante et platement paraphrastique, son impromptu particulièrement indigent par Mascarille ! Molière utilisera un procédé analogue dans *Les Femmes savantes,* III, 2, où les trois savantes s'extasieront devant le sonnet et l'épigramme de Trissotin.

133 Qui fait réflexion.

CATHOS

Ah ! mon Dieu, que dites-vous ? Ce sont là de ces sortes de choses qui ne se peuvent payer[134].

MAGDELON

Sans doute ; et j'aimerais mieux avoir fait ce *oh, oh !* qu'un poème épique[135].

MASCARILLE

Tudieu ! vous avez le goût bon.

MAGDELON   [F ij] [68]

Eh ! je ne l'ai pas tout à fait mauvais.

MASCARILLE

Mais n'admirez-vous pas aussi *je n'y prenais pas garde ?* *Je n'y prenais pas garde,* je ne m'apercevais pas de cela ; façon de parler naturelle : *je n'y prenais pas garde. Tandis que sans songer à mal,* tandis qu'innocemment, sans malice, comme un pauvre mouton ; *je vous regarde,* c'est-à-dire, je m'amuse[136] à vous considérer, je vous observe, je vous con[69]temple. *Votre œil en tapinois…* Que vous semble de ce mot *tapinois ?* n'est-il pas bien choisi ?

CATHOS

Tout à fait bien.

MASCARILLE

Tapinois, en cachette ; il semble que ce soit un chat qui vienne de prendre une souris : *tapinois.*

---

134 « On dit aussi pour bien louer quelque chose ou quelqu'un : Cela ne se peut payer » (Furetière).

135 *L'épopée* venait en tête de la hiérarchie des genres.

136 Je m'attarde.

MAGDELON

Il ne se peut rien de mieux.

MASCARILLE

Me dérobe mon cœur, me l'emporte, me le ravit. *Au* [F iij]
[70] *voleur, au voleur, au voleur, au voleur !* Ne diriez-vous pas
que c'est un homme qui crie et court après un voleur pour
le faire arrêter ? *Au voleur, au voleur, au voleur, au voleur !*

MAGDELON

Il faut avouer que cela a un tour spirituel et galant.

MASCARILLE

Je veux vous dire l'air que j'ai fait dessus.

CATHOS

Vous avez appris la musique ?

MASCARILLE

Moi ? Point du tout.

CATHOS   [71]

Et comment donc cela se peut-il ?

MASCARILLE

Les gens de qualité savent tout, sans avoir jamais rien
appris.

MAGDELON

Assurément, ma chère.

MASCARILLE

Écoutez si vous trouverez l'air à votre goût. *Hem, hem.
La, la, la, la, la.* La brutalité de la saison a furieuse[72]

ment outragé la délicatesse de ma voix ; mais il n'importe,
c'est à la cavalière[137]. *(Il chante :)*

>   *Oh, oh ! je n'y prenais pas*, etc[138].

CATHOS

Ah ! que voilà un air qui est passionné ! Est-ce qu'on
n'en meurt point ?

MAGDELON

Il y a de la chromatique[139] là-dedans.

MASCARILLE

Ne trouvez-vous pas la [73] pensée bien exprimée dans
le chant ? *Au voleur !…* Et puis, comme si l'on criait bien
fort : *au, au, au, au, au, au voleur !* Et tout d'un coup, comme
une personne essoufflée : *au voleur !*

MAGDELON

C'est là savoir le fin[140] des choses, le grand fin, le fin du
fin. Tout est merveilleux, je vous assure ; je suis enthou-
siasmée[141] de l'air et des paroles.

CATHOS

Je n'ai encore rien vu de cette force-là.

MASCARILLE

Tout ce que je fais me vient naturellement, c'est sans étude.

---

137 Sans préparation, de manière libre et aisée, sans règles, d'une manière
    qui ne sente pas son homme de métier, bref, comme un gentilhomme.
138 Abréviation ajoutée en 1734.
139 Le substantif féminin *chromatique* est un terme de musique : « le second
    des trois genres qui abonde en demi-tons » (Furetière).
140 Ce qu'il y a de plus caché, de plus subtil, de plus secret.
141 *Enthousiasme* garde le plus souvent au XVIIe siècle un sens fort, selon
    l'étymologie (mouvement passionné, comme inspiré par la divinité).

MAGDELON   [G] [74]

La nature vous a traité en vraie mère passionnée, et vous en êtes l'enfant gâté.

MASCARILLE

À quoi donc passez-vous le temps ?

CATHOS

À rien du tout.

MAGDELON

Nous avons été jusqu'ici dans un jeûne effroyable de divertissements.

MASCARILLE

Je m'offre à vous mener l'un de ces jours à la comédie[142], si vous voulez ; aussi bien on en doit jouer une nouvel[75]le que je serai bien aise que nous voyions ensemble.

MAGDELON

Cela n'est pas de refus.

MASCARILLE

Mais je vous demande d'applaudir comme il faut, quand nous serons là. Car je me suis engagé de faire valoir la pièce, et l'auteur m'en est venu prier encore ce matin. C'est la coutume ici, qu'à nous autres gens de condition, les auteurs viennent lire leurs pièces nouvelles, pour nous engager à les trouver belles, et leur donner de la réputation ; et je vous laisse à pen [G ij] [76]ser si, quand nous disons quelque chose, le parterre ose nous contredire. Pour moi, j'y suis fort exact ; et quand j'ai promis à quelque poète, je crie

---

142 Au théâtre, où on verra une nouvelle pièce.

toujours : « Voilà qui est beau ! », devant que les chandelles soient allumées[143].

MAGDELON

Ne m'en parlez point : c'est un admirable lieu que Paris ; il s'y passe cent choses tous les jours qu'on ignore dans les provinces, quelque spirituelle qu'on puisse être.

CATHOS

C'est assez : puisque nous sommes instruites, nous [77] ferons notre devoir de nous écrier comme il faut sur tout ce qu'on dira.

MASCARILLE

Je ne sais si je me trompe, mais vous avez toute la mine d'avoir fait quelque comédie[144].

MAGDELON

Eh ! il pourrait être quelque chose de ce que vous dites.

MASCARILLE

Ah ! ma foi, il faudra que nous la voyions. Entre nous, [G iij] [78] j'en ai composé une que je veux faire représenter.

---

143 Mascarille nous renseigne ici sur quelques habitudes de la vie théâtrale du temps. Souvent, les auteurs lisaient ou jouaient d'abord leur œuvre en l'hôtel particulier de quelque grand personnage qui, avec sa société, s'en faisait le soutien lors de la représentation publique ; cette sorte de petite cabale d'aristocrates prétendait imposer son goût au *parterre*, *i.e.* au public populaire et bourgeois qui était debout devant la scène, en louant la pièce avant même le début du spectacle.
144 Une pièce de théâtre.

CATHOS

Hé, à quels comédiens[145] la donnerez-vous ?

MASCARILLE

Belle demande ! Aux grands comédiens. Il n'y a qu'eux qui soient capables de faire valoir les choses. Les autres sont des ignorants qui récitent comme l'on parle ; ils ne savent pas faire ronfler les vers, et s'arrêter au bel endroit ; et le moyen de connaître où est le beau [79] vers, si le comédien ne s'y arrête, et ne vous avertit par là qu'il faut faire le brouhaha[146] ?

CATHOS

En effet, il y a manière de faire sentir aux auditeurs les beautés d'un ouvrage ; et les choses ne valent que ce qu'on les fait valoir.

MASCARILLE

Que vous semble de ma petite-oie[147] ? La trouvez-vous congruente à l'habit ?

---

145 Trois théâtres se disputent alors le public parisien : l'Hôtel de Bourgogne, où jouent ceux qu'on appelle les *grands comédiens* ; le théâtre du Marais ; le Petit-Bourbon, où la troupe de Molière joue en alternance avec celle des Italiens.

146 Première attaque de Molière contre ses rivaux, dont, dans *L'Impromptu de Versailles*, il fera la caricature sur la scène même. On voit ici ce que Molière leur reproche : une diction emphatique et ronflante, attentive aux effets immédiats sur le public (on lui indique l'endroit où il doit bruyamment admirer !), mais contraire à ce naturel que Molière a toujours voulu imposer dans le débit et dans le jeu des comédiens.

147 Par comparaison avec l'abattis (tête, cou, gésier, etc.) qu'on ôtait de l'oie pour la mettre à la broche, *la petite-oie* désignait « les rubans, les bas, le chapeau, les gants, et tout ce qu'il faut pour assortir un habit » (*Dictionnaire* de l'Académie).

CATHOS

Tout à fait.

MASCARILLE   [G iiij] [80]

Le ruban est bien choisi.

MAGDELON

Furieusement bien. C'est Perdrigeon[148] tout pur.

MASCARILLE

Que dites-vous de mes canons[149] ?

MAGDELON

Ils ont tout à fait bon air.

MASCARILLE

Je puis me vanter au moins qu'ils ont un grand quartier[150] plus que tous ceux qu'on fait.

MAGDELON   [81]

Il faut avouer que je n'ai jamais vu porter si haut l'élégance de l'ajustement.

MASCARILLE

Attachez un peu sur ces gants la réflexion de votre odorat.

MAGDELON

Ils sentent terriblement bon.

---

148 Célèbre mercier de Paris.
149 Voir *supra* les notes 63 et 111.
150 Un *quartier* d'étoffe est le quart d'une aune (environ 30 cm).

CATHOS

Je n'ai jamais respiré une odeur mieux conditionnée[151].

MASCARILLE

Et celle-là ? [(*Il donne à sentir les cheveux de sa perruque*[152].)]

MAGDELON   [82]

Elle est tout à fait de qualité ; le sublime[153] en est touché délicieusement.

MASCARILLE

Vous ne me dites rien de mes plumes ; comment les trouvez-vous ?

CATHOS

Effroyablement belles.

MASCARILLE

Savez-vous que le brin[154] me coûte un louis d'or ? Pour moi, j'ai cette manie de vouloir donner généralement sur[155] tout ce qu'il y a de plus beau.

MAGDELON   [83]

Je vous assure que nous sympathisons vous et moi : j'ai une délicatesse furieuse[156] pour tout ce que je porte ;

---

151 Le parfum des gants est pourvu des qualités requises.
152 Didascalie de 1734.
153 Traduction : le cerveau, où montent les odeurs.
154 On disait un *brin* de plume, comme on disait deux *brins* de cheveux.
155 *Donner sur* : s'attacher à, rechercher de préférence.
156 *Délicatesse* : affectation d'une personne difficile à contenter. L'intensif précieux *furieuse* est passablement contradictoire avec délicatesse, et donc particulièrement amusant accolé à ce mot.

et jusqu'à mes chaussettes[157], je ne puis rien souffrir qui ne soit de la bonne ouvrière.

MASCARILLE, *s'écriant brusquement*

Ahi, ahi, ahi, doucement ! Dieu me damne, Mesdames, c'est fort mal en user ; j'ai à me plaindre de votre procédé ; cela n'est pas honnête.

CATHOS

Qu'est-ce donc ? qu'avez-vous ?

MASCARILLE

Quoi ? toutes deux contre [84] mon cœur, en même temps ? m'attaquer à droit[158] et à gauche ? Ah ! c'est contre le droit des gens[159]. La partie n'est pas égale ; et je m'en vais crier au meurtre.

CATHOS

Il faut avouer qu'il dit les choses d'une manière particulière.

MAGDELON

Il a un tour admirable dans l'esprit.

CATHOS

Vous avez plus de peur que de mal, et votre cœur [85] crie avant qu'on l'écorche.

---

157 « Bas de toile qui n'a point de pied et qu'on met sur la chair et sous le bas de dessus » (Richelet).
158 Du côté droit, vers la droite.
159 Le droit international.

MASCARILLE

Comment diable ! il est écorché depuis la tête jusqu'aux
pieds.

Scène x   [86]

MAROTTE, MASCARILLE, CATHOS, MAGDELON

MAROTTE

Madame, on demande à vous voir.

MAGDELON

Qui ?

MAROTTE   [87]

Le vicomte de Jodelet.

MASCARILLE

Le vicomte de Jodelet ?

MAROTTE

Oui, Monsieur.

CATHOS

Le connaissez-vous ?

MASCARILLE

C'est mon meilleur ami.

MAGDELON

Faites entrer vitement !

MASCARILLE   [88]

Il y a quelque temps que nous ne nous sommes vus, et
je suis ravi de cette aventure.

CATHOS

Le voici.

Scène XI   [89]
JODELET, MASCARILLE, CATHOS,
MAGDELON, MAROTTE

MASCARILLE

Ah ! vicomte !

JODELET, *s'embrassant l'un l'autre*[160]

Ah ! marquis !

MASCARILLE   [H] [90]

Que je suis aise de te rencontrer !

JODELET

Que j'ai de joie de te voir ici !

MASCARILLE

Baise-moi donc encore un peu, je te prie.

MAGDELON   [91]

Ma toute bonne, nous commençons d'être connues ; voilà
le beau monde qui prend le chemin de nous venir voir.

MASCARILLE

Mesdames, agréez que je vous présente ce gentilhomme-
ci. Sur ma parole, il est digne d'être connu de vous.

---

160 Comprendre : Jodelet et Mascarille s'embrassant l'un l'autre.

JODELET   [H ij] [92]

Il est juste de venir vous rendre ce qu'on vous doit ; et vos attraits exigent leurs droits seigneuriaux sur toutes sortes de personnes.

MAGDELON

C'est pousser vos civilités jusqu'aux derniers confins de la flatterie.

CATHOS

Cette journée doit être [93] marquée dans notre alma-nach[161] comme une journée bienheureuse.

MAGDELON

Allons, petit garçon, faut-il toujours vous répéter les choses ? Voyez-vous pas qu'il faut le surcroît d'un fauteuil ?

MASCARILLE

Ne vous étonnez pas de voir le vicomte de la sorte : il ne fait que sortir d'une maladie qui lui a rendu le vi[94] sage pâle comme vous le voyez[162].

JODELET

Ce sont fruits des veilles de la cour et des fatigues de la guerre.

---

161 *L'almanach* est le calendrier où figurent fêtes, jours fériés, etc. ; la visite du vicomte prend rang dans ces événements à marquer.

162 N'oublions pas que Jodelet jouait le visage enfariné. Selon G. Couton, il y aurait peut-être aussi une allusion indirecte à la santé de l'acteur, compromise par une vérole mal soignée. *Cf. infra*, sc. 12, *in fine*.

MASCARILLE

Savez-vous, Mesdames, que vous voyez dans le vicomte un des vaillants hommes du siècle ? C'est un brave à trois poils[163].

JODELET   [95]

Vous ne m'en devez rien[164], marquis ; et nous savons ce que vous savez faire aussi.

MASCARILLE

Il est vrai que nous nous sommes vus tous deux dans l'occasion[165].

JODELET   [96]

Et dans des lieux où il faisait fort chaud.

MASCARILLE, *les regardant toutes deux*

Oui, mais non pas si chaud qu'ici. Hai, hai, hai !

JODELET

Notre connaissance s'est faite à l'armée ; et la pre[97]mière fois que nous nous vîmes, il commandait un régiment de cavalerie sur les galères de Malte[166].

MASCARILLE

Il est vrai. Mais vous étiez pourtant dans l'emploi avant que j'y fusse ; et je me souviens que je n'étais que petit officier encore, que vous commandiez deux mille chevaux.

---

163 Il est des plus braves (par assimilation avec le velours à deux ou à trois poils, à trois fils de trame, qui est le meilleur).
164 Vous êtes aussi vaillant que moi.
165 Au combat.
166 Si l'ordre de Malte avait bien ses galères, jamais on n'y trouva de cavalerie !

JODELET

La guerre est une belle chose. Mais, ma foi, la cour [G] [98] récompense bien mal aujourd'hui les gens de service[167] comme nous.

MASCARILLE

C'est ce qui fait que je veux pendre l'épée au croc[168].

CATHOS

Pour moi, j'ai un furieux tendre pour les hommes d'épée.

MAGDELON

Je les aime aussi ; mais je [99] veux que l'esprit assaisonne la bravoure.

MASCARILLE

Te souvient-il, vicomte, de cette demi-lune que nous emportâmes sur les ennemis au siège d'Arras[169] ?

JODELET

Que veux-tu dire avec ta demi-lune ? C'était bien une lune tout entière.

MASCARILLE

Je pense que tu as raison.

---

167 Les deux personnages veulent persuader aux pecques que, en tant que nobles, ils sont officiers à l'armée. Mais on dit aussi des valets qu'ils sont des gens de service ; par-dessus la tête des précieuses, Jodelet rappelle à Mascarille qu'ils ne sont tous deux que des laquais en train de jouer aux nobles.

168 *Pendre au croc*, c'est déposer, laisser de côté.

169 *La demi-lune*, en avant de la muraille, est une fortification en forme de demi-cercle ; la plaisanterie de la lune entière, attribuée au marquis de Nesle, devait être traditionnelle. Mascarille fait certainement allusion au siège d'Arras de 1654, que Turenne avait fait lever à la tête des troupes royales, Condé commandant les Espagnols.

JODELET   [G ij] [100]

Il m'en doit bien souvenir, ma foi : j'y fus blessé à
la jambe d'un coup de grenade, dont je porte encore les
marques. Tâtez un peu, de grâce ; vous sentirez quelque
coup, c'était là.

CATHOS

Il est vrai que la cicatrice est grande.

MASCARILLE

Donnez-moi un peu votre [101] main, et tâtez celui-ci,
là, justement au derrière de la tête. Y êtes-vous ?

MAGDELON

Oui, je sens quelque chose.

MASCARILLE

C'est un coup de mousquet que je reçus la[170] dernière
campagne que j'ai faite.

JODELET [, *découvrant sa poitrine*[171]]

Voici un autre coup qui me perça de part en part à
[G iij] [102] l'attaque de Gravelines[172].

MASCARILLE, *mettant la main*
sur le bouton de son haut-de-chausses

Je vais vous montrer une furieuse plaie.

MAGDELON

Il n'est pas nécessaire : nous le croyons sans y regarder.

---

170 Lors de la.
171 Didascalie de 1734.
172 La ville de Gravelines fut prise sur les Espagnols, en août 1658, par le
     maréchal de La Ferté.

MASCARILLE

Ce sont des marques honorables, qui font voir ce qu'on est.

CATHOS   [103]

Nous ne doutons point de ce que vous êtes.

MASCARILLE

Vicomte, as-tu là ton carrosse ?

JODELET

Pourquoi ?

MASCARILLE

Nous mènerions promener [G iiij] [104] ces dames hors
des portes, et leur donnerions un cadeau[173].

MAGDELON

Nous ne saurions sortir aujourd'hui.

MASCARILLE

Ayons donc les violons pour danser !

JODELET

Ma foi, c'est bien avisé.

MAGDELON   [105]

Pour cela, nous y consentons ; mais il faut donc quelque
surcroît de compagnie.

---

173 *Cadeau* : « repas, fête que l'on donne principalement à des dames »
(*Dictionnaire* de l'Académie). Mascarille propose qu'on sorte de Paris
pour l'une des promenades à la mode : sur le cours au-delà de la porte
Saint-Antoine, vers le bois de Vincennes, ou sur le cours de la Reine,
vers Chaillot.

MASCARILLE

Holà ! Champagne, Picard, Bourguignon, Casquaret, Basque, la Verdure, Lorrain, Provençal, la Violette[174] ! Au diable soient tous les laquais ! Je ne pense pas qu'il y ait gentilhomme en France plus mal servi que moi. Ces canailles me laissent toujours seul.

MAGDELON   [106]

Almanzor, dites aux gens de Monsieur qu'ils aillent quérir des violons, et nous faites venir ces Messieurs et ces Dames d'ici près, pour peupler la solitude de notre bal.

MASCARILLE

Vicomte, que dis-tu de ces yeux ?

JODELET

Mais toi-même, marquis, que t'en semble ?

MASCARILLE   [107]

Moi, je dis que nos libertés auront peine à sortir d'ici les braies nettes[175]. Au moins, pour moi, je reçois d'étranges[176] secousses, et mon cœur ne tient plus qu'à un filet[177].

MAGDELON

Que tout ce qu'il dit est naturel ! Il tourne les choses le plus agréablement du monde.

---

174 Ce genre d'énumération copieuse et coléreuse de laquais par un maître qui veut donner l'impression d'être servi par une nombreuse valetaille se trouve déjà chez Scarron (*Don Japhet d'Arménie*, II, 1).

175 Sans qu'il leur arrive malheur (les *braies*, caleçons ou bas de chemise, pouvaient être salies par les conséquences de la peur).

176 Extraordinaires.

177 Fil ténu.

CATHOS

Il est vrai qu'il fait une furieuse dépense en esprit.

MASCARILLE   [108]

Pour vous montrer que je suis véritable, je veux faire un impromptu là-dessus. [(*Il médite*[178].)]

CATHOS

Eh ! je vous en conjure de toute la dévotion de mon cœur : que nous ayons quelque chose qu'on ait fait pour nous !

JODELET

J'aurais envie d'en faire autant ; mais je me trouve un peu [109] incommodé de la veine poétique, pour la quantité des saignées que j'y ai faites ces jours passés[179].

MASCARILLE

Que diable est cela ? Je fais toujours bien le premier vers ; mais j'ai peine à faire les autres. Ma foi, ceci est un peu trop pressé ; je vous ferai un impromptu à loisir[180], que vous trouverez le plus beau du monde.

JODELET   [110]

Il a de l'esprit comme un démon.

MAGDELON

Et du galant, et du bien tourné.

---

178 Didascalie de 1682 et 1734.
179 Jolie métaphore filée à partir du sens figuré (« inspiration ») de *veine* ! .
180 Plaisanterie assez facile, mais amusante : *l'impromptu*, poésie improvisée, ne se fait pas à loisir !

MASCARILLE

Vicomte, dis-moi un peu : y a-t-il longtemps que tu n'as vu la comtesse ?

JODELET

Il y a plus de trois semaines [111] que je ne lui ai rendu visite.

MASCARILLE

Sais-tu bien que le duc m'est venu voir ce matin, et m'a voulu mener à la campagne courir un cerf avec lui ?

MAGDELON

Voici nos amies qui viennent.

Scène XII   [112]
JODELET, MASCARILLE, CATHOS, MAGDELON,
MAROTTE, LUCILE [, CÉLIMÈNE,
ALMANZOR, VIOLONS[181]]

MAGDELON

Mon Dieu, mes chères, nous vous demandons pardon. Ces Messieurs ont eu fantaisie de nous donner les âmes des pieds[182] ; et nous vous avons [113] envoyé quérir pour remplir les vides de notre assemblée.

LUCILE

Vous nous avez obligées, sans doute.

---

181 Liste complétée d'après 1734.
182 Traduction : les violons.

MASCARILLE

Ce n'est ici qu'un bal à la hâte ; mais l'un de ces jours nous vous en donnerons un dans les formes. Les violons sont-ils venus ?

ALMANZOR   [H] [114]

Oui, Monsieur ; ils sont ici.

CATHOS

Allons donc, mes chères, prenez place !

MASCARILLE,
dansant lui seul comme par prélude

La, la, la, la, la, la, la, la.

MAGDELON

Il a tout à fait la taille élégante.

CATHOS   [115]

Et a la mine de danser proprement[183].

MASCARILLE, *ayant pris Magdelon*

Ma franchise va danser la courante[184] aussi bien que mes pieds. En cadence, violons, en cadence ! Oh ! quels ignorants ! Il n'y a pas moyen de danser avec eux. Le diable vous emporte ! Ne sauriez-vous jouer en mesure ? La, la, la, la, la, la, la, la. Ferme, ô violons de village[185] !

---

183 Traduction : il danse bien, avec élégance.
184 Ma liberté va danser la *courante*, danse fort à la mode. Il faut comprendre, comme Georges Couton le suggère : ma liberté, mise à mal par vos beaux yeux, va s'enfuir en courant ; mon cœur va être tout à fait pris.
185 C'est insulter les violons : des violoneux sont évidemment inférieurs aux musiciens qui font danser un marquis et un vicomte.

JODELET, *dansant ensuite*   [H IJ] [116]

Holà ! ne pressez pas si fort la cadence : je ne fais que
sortir de maladie.

Scène XIII   [I] [117]

DU CROISY, LA GRANGE, MASCARILLE, [ETC.]

LA GRANGE [, *un bâton à la main*[186]]

Ah ! Ah ! coquins, que faites-vous ici ? Il y a trois heures
que nous vous cherchons.

MASCARILLE, *se sentant battre*

Ahy ! Ahy ! ahy ! vous ne [118] m'aviez pas dit que les
coups en seraient aussi.

JODELET

Ahy ! ahy ! ahy !

LA GRANGE

C'est bien à vous, infâme[187] que vous êtes, à vouloir faire
l'homme d'importance.

DU CROISY

Voilà qui vous apprendra à vous connaître.

[*(Du Croisy et La Grange sortent*[188].*)*]

---

186 Didascalie de 1682 et 1734.
187 Homme déconsidéré, homme de peu.
188 Didascalie de 1682.

Scène xiv   [119]

MASCARILLE, JODELET, CATHOS, MAGDELON,
[MAROTTE, LUCILE, CÉLIMÈNE, VIOLONS][189]

MAGDELON

Que veut donc dire ceci ?

JODELET

C'est une gageure[190].

CATHOS   [120]

Quoi ? vous laisser battre de la sorte !

MASCARILLE

Mon Dieu, je n'ai pas voulu faire semblant de rien ; car
je suis violent, et je me serais emporté.

MAGDELON

Endurer un affront comme celui-là, en notre présence !

MASCARILLE

Ce n'est rien, ne laissons pas [121] d'achever. Nous nous
connaissons il y a longtemps ; et entre amis, on ne va pas
se piquer pour si peu de chose.

---

189 Liste complétée d'après 1734.
190 C'est une action étrange, dont on ne perçoit pas le motif.

SCÈNE XV   [I] [122]
DU CROISY, LA GRANGE, MASCARILLE,
JODELET, MAGDELON, CATHOS
[, LUCILE, CÉLIMÈNE, VIOLONS[191]]

LA GRANGE

Ma foi, marauds, vous ne vous rirez pas de nous, je vous promets. Entrez, vous autres! [(*Trois ou quatre spadassins entrent*[192].)]

MAGDELON   [123]

Quelle est donc cette audace, de venir nous troubler de la sorte dans notre maison?

DU CROISY

Comment, Mesdames, nous endurerons que nos laquais soient mieux reçus que nous? qu'ils viennent vous faire l'amour[193] à nos dépens, et vous donnent le bal?

MAGDELON   [I ij] [124]

Vos laquais?

LA GRANGE

Oui, nos laquais; et cela n'est ni beau, ni honnête, de nous les débaucher[194] comme vous faites.

MAGDELON

Ô ciel! quelle insolence!

---

191 Liste complétée d'après 1734.
192 Didascalie de 1682 et 1734.
193 Voir *supra* la note 56.
194 Les détourner de leur devoir.

LA GRANGE   [125]

Mais ils n'auront pas l'avantage de se servir de nos habits pour vous donner dans la vue[195] ; et si vous les voulez aimer, ce sera, ma foi, pour leurs beaux yeux. Vite, qu'on les dépouille sur-le-champ !

JODELET
Adieu notre braverie[196].

MASCARILLE
Voilà le marquisat et la vicomté à bas.

DU CROISY   [I iij] [126]

Ah ! ah ! coquins, vous avez l'audace d'aller sur nos brisées ? Vous irez chercher autre part de quoi vous rendre agréables aux yeux de vos belles, je vous en assure.

LA GRANGE

C'est trop que de nous supplanter, et de nous supplanter avec nos propres habits.

MASCARILLE   [127]
Ô Fortune, quelle est ton inconstance !

DU CROISY
Vite, qu'on leur ôte jusqu'à la moindre chose !

LA GRANGE

Qu'on emporte toutes ces hardes[197], dépêchez ! Maintenant, Mesdames, en l'état qu'ils sont, vous pouvez continuer vos amours avec eux tant qu'il [I iiij] [128] vous

---

195 *Donner dans la vue* : plaire.
196 Élégance des habits (être *brave*, c'est être bien vêtu, élégant).
197 Vêtements, parures.

plaira ; nous vous laissons toute sorte de liberté pour cela, et nous vous protestons, Monsieur et moi, que nous n'en serons aucunement jaloux[198].

CATHOS

Ah ! quelle confusion !

MAGDELON

Je crève de dépit.

VIOLONS, au marquis

Qu'est-ce donc que ceci ? Qui nous paiera, nous autres ?

MASCARILLE   [129]

Demandez à Monsieur le vicomte !

VIOLONS, au vicomte

Qui est-ce qui nous donnera de l'argent ?

JODELET

Demandez à Monsieur le marquis !

Scène XVI   [130]

GORGIBUS, MASCARILLE, MAGDELON, [ETC.]

GORGIBUS

Ah ! coquines que vous êtes, vous nous mettez dans de beaux draps blancs[199], à ce que je vois ! et je viens d'apprendre de belles affaires, vraiment, de ces Messieurs qui sortent.

---

198 La Grange, Du Croisy, Lucile et Célimène sortent alors.
199 Actuellement, l'expression se limite à *mettre dans de beaux draps*.

MAGDELON   [131]

Ah ! mon père, c'est une pièce[200] sanglante qu'ils nous ont faite.

GORGIBUS

Oui, c'est une pièce sanglante, mais qui est un effet de votre impertinence[201], infâmes ! Ils se sont ressentis[202] du traitement que vous leur avez fait. Et cependant, malheureux que je suis, il faut que je boive l'affront.

MAGDELON   [132]

Ah ! je jure que nous en serons vengées, ou que je mourrai en la peine. Et vous, marauds, osez-vous vous tenir ici, après votre insolence ?

MASCARILLE

Traiter comme cela un marquis ! Voilà ce que c'est que du monde ! La moindre disgrâce nous fait mépriser de ceux qui nous chérissaient. Allons, camarade, allons chercher fortune autre part : je vois bien [133] qu'on n'aime ici que la vaine apparence, et qu'on n'y considère point la vertu toute nue[203]. *(Ils sortent tous deux.)*

---

200 Voir *supra* la note 32.
201 Inconvenance, maladresse, qui déconsidèrent et déshonorent les deux filles (*infâmes*).
202 Ils ont gardé de la rancune.
203 Dans la déconfiture, Mascarille garde de l'humour !

Scène XVII   [134]
GORGIBUS, MAGDELON, CATHOS, VIOLONS

VIOLONS

Monsieur, nous entendons que vous nous contentiez à
leur défaut[204], pour ce que nous avons joué ici.

GORGIBUS, *les battant*

Oui, oui, je vous vais con[135]tenter, et voici la monnaie
dont je vous veux payer. Et vous, pendardes, je ne sais qui
me tient que je ne vous en fasse autant. Nous allons servir
de fable et de risée à tout le monde, et voilà ce que vous
vous êtes attiré par vos extravagances. Allez vous cacher,
vilaines[205], allez vous cacher pour jamais! [(*Seul*[206].)] Et vous,
qui êtes cause de leur folie, sottes billevesées, pernicieux
amusements des esprits oisifs, romans, vers, chansons,
sonnets et sonnettes, puissiez-vous être à tous les diables!

FIN

---

204 Que vous nous payiez à leur place.
205 Aussi grossières que des paysannes pour s'être plu avec des laquais.
206 Didascalie de 1734.

EXTRAIT DU PRIVILEGE DU ROY

Par grâce et privilège du Roy, donné à Paris le 19 janvier 1660, signé par le Roy en son Conseil, MARESCHAL. Il est permis à GUILLAUME DE LUYNES, marchand libraire de notre bonne ville de Paris de faire imprimer, vendre & débiter *Les Précieuses ridicules* fait par le Sieur Molière, pendant cinq années ; et défenses sont faites à tous autres de l'imprimer, ni vendre d'autre édition que celle de l'exposant, à peine de dix mille livres d'amende, de tous dépens, dommages et intérêts, comme il est porté plus amplement par lesdites Lettres.

Achevé d'imprimer pour la première fois le 29 janvier 1660.

Les exemplaires ont été fournis.

Registré sur le Livre de la Communauté le 20 janvier 1660. Signé JOSSE, Syndic.

Et ledit de Luynes a fait part du privilège ci-dessus à Charles de Sercy et Claude Barbin, marchands libraires, pour en jouir suivant l'accord fait entre eux.

ANNEXES

Nous donnons ici successivement les deux versions de la relation, rédigée par Catherine Desjardins, de la « Farce des Précieuses ». La version manuscrite, *Abrégé de la farce des Précieuses*, plus ancienne, est plus courte mais parfois plus précise que la version éditée, *Récit en prose et en vers de la farce des Précieuses*, plus longue et sérieusement reformulée.

Pour la première version, tous les éditeurs suivent évidemment le ms. Conrart, p. 1017-1022, conservé à l'Arsenal (Arsenal, Ms. 5418). Pour le récit imprimé, on donne l'édition publiée par Claude Barbin au tout début de 1660 :

À Paris, chez Claude Barbin, dans la grand'salle du Palais, au Signe de la Croix. M. DC. LX. Avec privilège du Roi. In-12 : préface, 32 p. (BnF : Rés-Yf-4382).

ANNEXE N° 1

ABRÉGÉ DE LA FARCE DES PRÉCIEUSES,
fait par Mlle Desjardins
À Mme de Morangis

J'ai trop de passion de vous obéir toute ma vie pour manquer à vous faire une relation de la farce des *Précieuses*, puisque vous me l'avez ordonné. Imaginez-vous donc, Madame, que vous voyez un vieillard[1], vêtu comme les paladins français, loyal comme un Amadis[2], et poli comme un habitant de la Gaule celtique[3],

Qui, d'un air d'orateur breton[4],
Demande à la jeune soubrette
De deux filles de grand renom :
« Que font vos maîtresses, fillette ? »

Cette petite créature, qui sait bien comme se pratique la civilité, fait une profonde révérence au bonhomme, et lui répond, avec un rengorgement[5] sur le tour de l'épaule :

---

1   Gorgibus apparaît à la scène 3, avec Marotte.
2   Amadis de Gaule est le héros d'un roman de chevalerie espagnol – un de ces *paladins*, de ces chevaliers des temps médiévaux.
3   Très sûrement ironique : Gorgibus, un bonhomme de l'ancien temps, est assimilé aux Celtes plutôt barbares.
4   Le *Récit* dira : « d'un sévère et grave ton » ; c'est une explication possible de l'« air d'un orateur breton ».
5   Attitude de celui qui *se rengorge*, qui avance la gorge et retire un peu la tête en arrière.

« Elles sont là-haut, dans leur chambre,
Qui font des mouches, et du fard,
Des parfums de civette et d'ambre,
Et de la pommade de lard[6]. »

À ces mots, qui ne sont point agréables à l'ancien Gaulois, qui se souvient que, du temps de la Ligue[7], on ne s'occupait point à de semblables choses, il allègue le siècle où les femmes portaient des escoffions[8] au lieu de perruques, et des sandales au lieu de patins[9],

Où les parfums étaient de fine marjolaine,
Le fard de claire eau de fontaine ;
Où le talc et le pied de veau[10]
N'approchaient jamais du museau ;
Où la pommade de la belle,
Était du pur suif de chandelle.

Enfin, que ne dit-il point ! et avec quel empressement fait-il appeler pour leur apprendre comme elles devaient vivre ! « Venez, Madelon et Margot[11] », leur dit-il. Ces deux filles, fort étonnées de ces termes, font trois pas en arrière, et la plus savante des deux répond, avec une mine dédaigneuse :

« Bons dieux ! ces terribles paroles
Gâteraient le plus beau roman !

---

6   Panoplie pour le visage des coquettes !
7   La *Ligue* renvoie au mouvement politique et religieux des années 1576-1594, lors des guerres de religion – donc toujours à l'ancien temps.
8   Ancienne coiffure à l'usage du peuple.
9   *Patins* : « soulier de femme qui a des semelles fort hautes et pleines de liège afin de paraître de plus belle taille » (FUR.).
10   Le *pied-de-veau* est une espèce de l'arum, plante herbacée.
11   Erreur de Catherine Desjardins pour Cathos. – Ici débute la relation de la scène 4.

Que vous parlez vulgairement !
Mon père, hantez les écoles,
Et vous apprendrez en ces lieux
Que nous voulons des noms qui soient plus précieux ;
Pour moi, je m'appelle Climène,
Et ma cousine Philimène[12]. »

Je crois qu'il serait inutile, Madame, de vous dire que le vieillard reçut fort mal ce discours et que par la description que je vous en ai faite, vous jugez bien qu'il fit une réprimande très aigre à ses filles[13] ; et après les avoir invitées à vivre comme le reste du monde et ne pas se tirer du commun par des manières si ridicules, il leur commande de bien recevoir deux galants, qui doivent leur venir offrir leur service. Et en effet, le bonhomme n'avait pas sitôt donné cet avertissement, qu'il paraît deux hommes, que je trouve fort honnêtes gens, pour moi ; mais aussi je ne suis pas précieuse, et je m'en aperçus bien par la manière dont ces illustres filles reçurent ces pauvres amants. Jamais on n'a tant témoigné de froideur qu'elles en témoignèrent. Si elles n'eussent dormi de six mois, elles n'auraient point tant bâillé qu'elles firent ; et elles donnèrent, enfin, tant de marques qu'elles s'ennuyaient en la conversation de ces deux hommes, qu'ils les quittèrent fort mal satisfaits de leur visite, et fort résolus de s'en venger[14]. Sitôt qu'ils furent sortis[15], Philimène prit la parole :

---

12 Autre erreur. En réalité, Cathos veut se faire appeler Aminte et Magdelon Polixène. Voir la scène 4 de *Précieuses* pour tout ce passage.

13 Erreur : seule Magdelon est la fille de Gorgibus ; Cathos est sa nièce.

14 Catherine Desjardins invente ici une scène qui n'est pas dans Molière, lequel se contente de montrer le mécontentement des garçons après l'entrevue (scène 1) et la manière assez brusque dont ils prennent congé de Gorgibus (scène 2).

15 Autre scène inventée par Catherine Desjardins.

« Quoi ! ces gens nous offrent leurs vœux !
Ah ! ma chère, quels amoureux !
Ils parlent sans afféteries ;
Ils ont les jambes tout unies[16],
Grande indigence de rubans,
Des chapeaux désarmés de plumes[17],
Et ne savent pas les coutumes
Qu'on pratique à présent au pays des romans ! »

Je crois qu'elles en eussent bien dit davantage, car vous voyez bien qu'elles sont en bon chemin ; mais l'arrivée du père[18] les en empêcha et elles furent contraintes de se taire pour écouter les réprimandes que leur fit cet homme de la manière dont elles avaient reçu les gens qu'il leur avait présentés. Quant il eut fini ces reproches,

« Comment ! » s'écria Climène,
Pour qui nous prennent ces amants,
De nous conter d'abord leur peine ?
Est-ce ainsi que l'on fait l'amour[19] dans les romans ? »

Alors elles représentent au bonhomme que ce n'est pas de cette sorte que Cyrus a fait l'amour à Mandane, et l'illustre Aronce à Clélie[20] ; et qu'il ne faut pas ainsi aller de plain-pied au mariage. « Et voulez-vous qu'on aille au concubinage ? » reprit le vieillard irrité. « Non, sans doute, mais il faut aimer par les règles. »

---

16 Surcharge manuscrite pour ces deux vers, dans le ms. Conrart : « Ils parlent sans cajolerie, / Ils ont la jambe tout unie. »
17 Les deux dernières expressions sont bien dans Molière. Une *jambe unie* est dépourvue de *canons*, ces ornements de dentelle qui s'attachaient au-dessus du genou.
18 Retour à la relation de la scène 4.
19 *Faire l'amour,* c'est faire sa cour.
20 Cyrus et *Mandane sont les amants héros d'Artamène, ou le Grand Cyrus, Aronce et Clélie ceux de La* Clélie, deux romans de Madeleine de Scudéry.

RÈGLES DE L'AMOUR PRÉCIEUX

1

Pour concevoir sa passion,
Il faut se trouver dans un temple[21],
Et que l'objet qu'on y contemple
Cause beaucoup d'émotion.

2

Il faut choisir la solitude,
Ne reposer plus bien la nuit,
S'éloigner du monde et du bruit,
Sans savoir le sujet de son inquiétude.

3

Il faut chercher l'occasion
De visiter la demoiselle,
La trouver encore plus belle
Et sentir augmenter aussi sa passion.

4

Après, il faut de grands services,
Ne porter plus que ses couleurs[22],
Partager toutes ses douleurs,
Et causer toutes ses délices ;
Donner comédies et cadeaux[23],
Des bals, des courses de chevaux,
La nuit, d'agréables aubades,
Et de jour, grandes promenades.

---

21 C'est ainsi que la poésie désignait une église.
22 On dit d'un adorateur qu'il *porte les couleurs* de sa dame.
23 Un *cadeau* est un divertissement offert à une dame ; ce peut être du
    théâtre (*comédie*), un bal, etc.

5

Puis on déclare son amour,
    Et dans cette grande journée,
Il se faut retirer dans une sombre allée,
    Pâlir et rougir tout à tour,
    Sentir des frissons, des alarmes,
    Enfin se jeter à genoux
    Et dire, en répandant des larmes,
À mots entrecoupés : « Hélas ! je meurs pour
    vous ».

6

    Alors la dame fait la fière,
    Appelle l'amant téméraire,
    Lui défend de jamais la voir,
    Et le galant, au désespoir,
    Lui dit : « Ah ! cruelle Climène,
    Il faut mourir pour vos divins appas ;
Vous avez prononcé l'arrêt de mon trépas.
Je vais vous obéir, adorable inhumaine :
    Puisque je vous suis odieux,
    Je veux expirer à vos yeux.
    Mais apprenez au moins, cruelle,
    Que vous perdez, dedans ce jour,
    L'adorateur le plus fidèle
Qui jamais ait senti le pouvoir de l'amour. »

7

    La belle se trouve attendrie
    À des discours si pleins d'amour ;
Lui permet d'espérer, pour lui rendre la vie,
    Qu'elle pourra l'aimer un jour.

« Voilà comme il faut aimer », poursuivit cette savante fille ; « et c'est prendre un roman par la queue que d'en user autrement ». Le vieillard, qui se souvient que du temps qu'il faisait l'amour à sa femme, on ne faisait point tant de façons, est si fort épouvanté de ces règles qu'il s'enfuit, et l'on vient avertir ses filles qu'un laquais demande à leur parler[24]. Si vous pouviez concevoir combien ce mot de *laquais* est rude pour des oreilles précieuses, nos héroïnes vous feraient pitié. Elles firent un grand cri, et regardant cette fille avec mépris : « Petite malapprise », lui dirent-elles, « quand voulez-vous apprendre à parler ? Ne savez-vous pas que cet officier[25] se nomme *nécessaire* ? » La réprimande faite, le nécessaire leur vient demander permission de la part du marquis de Mascarille de venir leur rendre ses devoirs. Le titre et le nom étaient trop précieux, pour qu'il ne fût pas bien reçu. Elles commandèrent qu'on le fît entrer ; mais, en attendant, elles demandèrent une soucoupe inférieure[26] et le conseiller des grâces. Vous ne serez pas fort surprise quand je vous dirai que la soubrette ne les entendit pas, car je m'imagine que vous ne l'entendez pas vous-même. Aussi cette pauvre fille les pria-t-elle bien humblement de parler chrétien, et qu'elle n'entendait pas ce langage. Elles se résolurent à démétaphoriser[27] et nommer les choses par leur nom. Après quoi, Mascarille entra[28] et leur fit une révérence qui faisait bien connaître qu'il était du monde

---

24 Scène 6.
25 *L'officier* est celui qui exerce une charge quelconque, y compris donc, pour les précieuses, la charge de laquais.
26 Chaise percée. Rien de tel chez Molière (du moins dans l'édition ; la grossièreté était-elle à la représentation ?), qui a bien *le conseiller des grâces*, c'est-à-dire le miroir.
27 Le jargon précieux adore *métaphoriser* ; pour retrouver le langage simple, il faut donc *démétaphoriser* le discours (avec un joli néologisme).
28 La relation saute les scènes 7 et 8, et passe directement à la scène 9.

plaisant et qu'il avait[29] du bel air. Pour moi, je le trouve
si charmant que je vous en envoie le crayon[30]. Jugez de
l'importance du personnage par cette figure. On lui pré-
senta une commodité de conversation[31], et dès qu'il se
fut mis dans un insensible qui lui tendait les bras[32], ils
commencèrent leur conversation en ces termes.

DIALOGUE DE MASCARILLE,
DE PHILIMÈNE ET DE CLIMÈNE

CLIMÈNE

L'odeur de votre poudre est des plus agréables,
Et votre propreté[33] me paraît admirable.

MASCARILLE

Madame, vous voulez railler.
À peine ai-je eu le temps de m'habiller.
Que dites-vous, pourtant, de cette garniture[34]?
    La trouvez-vous congruente à l'habit?

CLIMÈNE

C'est Perdrigeon[35] tout pur!

PHILIMÈNE

    Que Monsieur a d'esprit!
L'esprit paraît même dans sa parure.

---

29   Au dessus de *avait*, le ms. porte *allait*.
30   On n'a malheureusement pas conservé ce dessein. Le *Récit* donnera une
     description précise de Mascarille.
31   C'est-à-dire un fauteuil.
32   Toujours le fauteuil, qui ne réagit pas à son occupant!
33   Votre élégance, votre raffinement.
34   Rubans que l'on mettait sur les habits ou sur la coiffure.
35   Il s'agit du mercier de renom au XVIIᵉ siècle.

MASCARILLE

Quoi ! vous aimez l'esprit ?

PHILIMÈNE

Oui, mais terriblement.

MASCARILLE

Vous voyez les auteurs ?

CLIMÈNE

Assez peu.

PHILIMÈNE

Rarement.
En vérité, c'est grand dommage[36].

MASCARILLE

Ah ! je vous en veux amener ;
Je les ai tous les jours à ma table à dîner.

PHILIMÈNE

On nous promet les compagnies
Des auteurs des *Pièces choisies*[37].

MASCARILLE

Ah ! Ah ! Ces faiseurs de chansons ;
Eh ! ce sont d'assez bons garçons.
Mais ils n'ont jamais fait de pièces d'importance.
J'aime pourtant assez leurs rondeaux, et la stance ;

---

36 À la suite de ce vers il en manque un autre pour la rime.

37 Allusion aux volumes de *Poésies choisies* publiés par Ch. de Sercy depuis
    1653, et qui rassemblaient à chaque fois près de 150 poètes (ce qui ferait
    beaucoup de messieurs à recevoir !) ; dans le plus récent on trouvait les
    noms de P. Corneille, Benserade, Scudéry, Boisrobert…

Je trouve quelque esprit à bien faire un sonnet,
Et je me divertis à lire un bon portrait.
Ça, vous n'en croyez rien ?

CLIMÈNE
                    Je m'y connais fort mal,
Ou vous aimeriez mieux lire un beau madrigal.

MASCARILLE
Vous avez le goût fin. Ah ! je vous en veux dire
Un assez beau de moi, qui vous fera bien rire.
        Il est joli, sans vanité,
        Et vous le trouverez fort tendre.
        Nous autres gens de qualité
        Nous savons tout, sans rien apprendre.

MADRIGAL
        Oh ! Oh ! je n'y prenais pas garde :
        Alors que sans songer à mal
                Je vous regarde,
Votre œil, en tapinois, vient dérober mon cœur.
Au voleur, au voleur, au voleur, au voleur !

CLIMÈNE
        Vraiment, il est inimitable !
Bon Dieu ! ce madrigal me paraît admirable !
        Il m'emporte l'esprit.

MASCARILLE
Et ces *voleurs*, les trouvez-vous plaisants ?
Le mot de *tapinois* ?

CLIMÈNE
        Tout est juste, à mon sens.

À nos meilleurs auteurs vous feriez bien la nique ;
Et j'aime ce *oh !* *oh !* mieux qu'un poème épique.

MASCARILLE

Puisque cet impromptu vous donne du plaisir,
J'en veux faire un pour vous, tout à loisir.
Le madrigal me donne un peu de peine,
Et mon génie est tel pour les vers inégaux
Que, dans un mois, en madrigaux,
J'ai traduit l'histoire romaine.

Si les vers ne me coûtaient pas plus à faire qu'au marquis de Mascarille, je vous dirais en rime de quelle manière les précieuses applaudirent les vers du précieux ; mais mon enthousiasme commence à me quitter. Et vous trouverez bon, Madame, s'il vous plaît, que je vous dise en prose que Mascarille conta ses exploits à ces dames, et leur dit qu'il avait commandé deux mille chevaux sur les galères de Malte. Un de ses intimes amis survint[38], qui lui dit qu'il avait eu un coup de mousquet dans la tête et qu'il avait rendu sa balle en éternuant. Enfin, il se trouve que les précieux sont valets des deux amants maltraités, et que les précieuses sont bernées. Voilà comme finit la farce. Je suis, etc.

---

38   C'est Jodelet, à la scène 11.

ANNEXE N° 2

Récit en prose et en vers
de la farce des Précieuses

PRÉFACE

Si j'étais assez heureuse pour être connue de tous ceux qui liront ce *Récit des Précieuses*, je ne serais pas obligée de leur protester qu'on l'a imprimé sans mon consentement, et même sans que je l'aie su. Mais comme la douleur que cet accident m'a causée et les efforts que j'ai faits pour l'empêcher sont des choses dont le public est assez mal informé, j'ai cru à propos de l'avertir que cette lettre fut écrite à une personne de qualité, qui m'avait demandé cette marque de mon obéissance dans un temps où je n'avais pas encore vu sur le théâtre *Les Précieuses* ; de sorte qu'elle n'est faite que sur le rapport d'autrui, et je crois qu'il est aisé de connaître cette vérité par l'ordre que je tiens dans mon récit ; car il est un peu différent de celui de cette farce. Cette seule circonstance semblait suffire pour sauver ma lettre de la presse ; mais M. de Luynes en a autrement ordonné[1],

---

1   Comme Molière (voyez la Préface des *Précieuses ridicules*), Catherine
    Desjardins eut affaire avec le même de Luynes, et il y aurait eu une
    première édition du *Récit* par ce libraire-imprimeur. Mais nous n'avons
    aucune trace de cette édition... Il faut rester quelque peu dubitatif
    devant les affirmations de la jeune femme.

et malgré des projets plus raisonnables, me voilà, puisqu'il plaît à Dieu, imprimée pour une bagatelle ; cette aventure est assurément fort fâcheuse pour une personne de mon humeur. Mais il ne tiendra qu'au public de m'en consoler, non pas en m'accordant son approbation (car j'aurais mauvaise opinion de lui s'il la donnait à si peu de chose), mais en se persuadant que je n'ai appris l'impression de ma lettre que dans un temps où il n'était plus en mon pouvoir de l'empêcher. J'espère cette justice de lui, et le prie de croire que si mon âge[2] et ma façon d'agir lui étaient connus, il jugerait plus favorablement de moi que cette lettre ne semble le mériter.

RÉCIT EN PROSE ET EN VERS DE LA FARCE DES PRÉCIEUSES

MADAME,

Je ne prétends pas vous donner une grande marque de mon esprit en vous envoyant ce *Récit des Précieuses*, mais au moins ai-je lieu de croire que vous le recevrez comme un témoignage de la promptitude avec laquelle je vous obéis, puisque je n'en reçus l'ordre de vous qu'hier au soir, et que je l'exécute ce matin. Le peu de temps que votre impatience m'a donné doit vous obliger à souffrir[3] les fautes qui sont dans cet ouvrage, et j'aurai l'avantage de les voir toutes effacées par la gloire qu'il y a de vous obéir promptement. Je

---

2   Catherine Desjardins avait alors 28 ans.
3   Supporter. – Nous ne répéterons pas l'annotation commune avec l'*Abrégé* qui précède.

crois même que c'est par cette raison que je n'ose vous faire
un plus long discours. Imaginez-vous donc, Madame, que
vous voyez un vieillard vêtu comme les paladins français,
et poli comme un habitant de la Gaule celtique,

> Qui, d'un sévère et grave ton,
> Demande à la jeune soubrette
> De deux filles de grand renom :
> « Que font vos maîtresses, fillette[4] ? »

Cette fille, qui sait bien comme se pratique la civilité,
fait une profonde révérence au bonhomme, et lui répond
humblement :

> « Elles sont là-haut dans leur chambre,
> Qui font des mouches et du fard,
> Des parfums de civette et d'ambre
> Et de la pommade de lard. »

Comme ces sortes d'occupations n'étaient pas trop en
usage du temps du bonhomme, il fut extrêmement étonné
de la réponse de la soubrette, et regretta le temps où les
femmes portaient des escoffions au lieu de perruques, et
des pantoufles[5] au lieu de patins,

> Où les parfums étaient de fine marjolaine,
> Le fard de claire eau de fontaine,
> Où le talque[6] et le pied de veau
> N'approchaient jamais du museau,

---

4   Il faut corriger le pluriel *fillettes* de l'imprimé.
5   *Pantoufles* : « chaussures qu'on porte dans la chambre pour être à sa
     commodité » (FUR.).
6   *Talque* : sorte d'huile pour conserver le teint, qu'on prétendait tirée du
     talc.

> Où la pommade de la belle
> Était du pur suif de chandelle.

Enfin, Madame, il fit mille imprécations contre les ajustements[7] superflus, et fit promptement appeler ces filles, pour leur témoigner son ressentiment[8]. « Venez, Magdelon et Cathos, leur dit-il, que je vous apprenne à vivre. » À ces noms de Magdelon et de Cathos, ces deux filles firent trois pas en arrière, et la plus précieuse des deux lui répliqua en ces termes :

> « Bons dieux ! ces terribles paroles
>   Gâteraient le plus beau roman.
>   Que vous parlez vulgairement !
>   Que ne hantez-vous les écoles ?
>   Et vous apprendrez dans ces lieux
> Que nous voulons des noms qui soient plus
>   précieux.
>   Pour moi, je m'appelle CLIMÈNE,
>   Et ma cousine PHILIMÈNE. »

Vous jugez bien, Madame, que ce changement de noms vulgaires en noms du monde précieux ne plut pas à l'ancien Gaulois ; aussi s'en mit-il fort en colère contre nos dames. Et après les avoir excitées à vivre comme le reste du monde, et à ne pas se tirer du commun[9] par des manies si ridicules, il les avertit qu'il viendrait à l'instant deux hommes les voir, qui leur faisaient l'honneur de les rechercher[10]. Et en effet, Madame, peu de temps après

---

7   Toilette, parures.
8   Ce qu'il ressentait en voyant les filles, sa réprobation, donc.
9   Se distinguer des comportements habituels, communs à tous.
10 Rechercher en mariage.

la sortie du vieillard, il vint deux galants offrir leurs
services aux demoiselles ; il me sembla même qu'ils s'en
acquittaient assez bien. Mais aussi je ne suis pas précieuse,
et je l'ai connu par la manière dont ces deux illustres
filles reçurent nos protestants[11]. Elles bâillèrent mille
fois, elles demandèrent autant quelle heure il était, et
elles donnèrent enfin tant de marques du peu de plaisir
qu'elles prenaient dans la compagnie de ces aventuriers[12],
qu'ils furent contraints de se retirer très mal satisfaits de
la réception qu'on leur avait faite, et fort résolus de s'en
venger, comme vous le verrez par la suite. Sitôt qu'ils
furent sortis, nos précieuses se regardèrent l'une l'autre,
et Philimène rompant la première le silence, s'écria avec
toutes les marques d'un grand étonnement :

   « Quoi ! ces gens nous offrent leurs vœux !
     Ah ! ma chère, quels amoureux !
     Ils parlent sans afféteries ;
     Ils ont des jambes dégarnies[13],
     Une indigence de rubans,
     Des chapeaux désarmés de plumes,
     Et ne savent pas les coutumes
   Qu'on pratique à présent au pays des romans. »

   Comme elle achevait cette plainte, le bonhomme revint
pour leur témoigner son mécontentement de la réception

---

11   *Protestant* : « amant qui fait à une dame des offres de service et d'amour
     et qui lui promet fidélité » (FUR.).
12   Selon FUR., les *aventuriers d'amour* « sont des coquets qui courent de
     belle en belle pour trouver quelque aventure ». Mais ce n'est pas le cas ici
     des deux galants : ils tentent leur chance en vue du mariage, mais leur
     aventure, loin de leur valoir quelque gloire, se solde par une déconvenue
     humiliante.
13   Comme « la jambe tout unie » de l'*Abrégé* et de Molière lui-même.

qu'elles avaient faite aux deux galants. Mais, bon Dieu! à qui s'adressait-il ?

> « Comment ! s'écria Philimène,
>   Pour qui nous prennent ces amants,
>   De nous conter d'abord leur peine ?
> Est-ce ainsi qu'on fait l'amour dans les romans ? »

« Voyez-vous mon oncle », poursuivit-elle, « voilà ma cousine qui vous dira comme moi qu'il ne faut pas aller ainsi de plain-pied au mariage. » – « Et voulez-vous qu'on aille au concubinage ? » interrompit le vieillard irrité. – « Non, sans doute, mon père, répliqua Climène. Mais il ne faut pas aussi prendre le roman par la queue. Et que serait-ce si l'illustre Cyrus épousait Mandane dès la première année, et l'amoureux Aronce la belle Clélie ? Il n'y aurait donc ni aventures, ni combats. Voyez-vous, mon père, il faut prendre un cœur par les formes, et si vous voulez m'écouter, je m'en vais vous apprendre comme on aime dans les belles manières. »

RÈGLES DE L'AMOUR

I

>   Premièrement, les grandes passions
> Naissent presque toujours des inclinations.
> Certain charme secret que l'on ne peut
>   comprendre
> Se glisse dans les cœurs, sans qu'on sache
>   comment.
> Par l'ordre du destin l'on s'en laisse surprendre,
> Et sans autre raison, l'on s'aime en un moment

II

Pour aider à la sympathie
Le hasard bien souvent se met de la partie.
On se rencontre au Cours, au temple, dans un bal.
C'est là que du roman on commence l'histoire,
Et que les traits d'un œil fatal
Remportent sur un cœur une illustre victoire.

III

Puis on cherche l'occasion
De visiter la demoiselle.
On la trouve encore plus belle,
Et l'on sent augmenter aussi sa passion.
Lors on chérit la solitude,
L'on ne repose plus la nuit,
L'on hait le tumulte et le bruit,
Sans savoir le sujet de son inquiétude.

IV

On s'aperçoit enfin que cet éloignement,
Loin de le soulager, augmente le tourment.
Lors on cherche l'objet pour qui le cœur soupire
On ne porte que ses couleurs ;
On a le cœur touché de toutes ses douleurs,
Et ses moindres mépris font souffrir le martyre.

V

Puis on déclare son amour,
Et dans cette grande journée,
Il se faut retirer dans une sombre allée,
Rougir et pâlir tour à tour,
Sentir des frissons, des alarmes,
Enfin se jeter à genoux,

Et dire, en répandant des larmes,
À mots entrecoupés : « Hélas ! je meurs pour
vous ».

VI

Ce téméraire adieu met la dame en colère ;
Elle quitte l'amant téméraire, lui défend de la
voir.
Lui, que ce procédé réduit au désespoir,
Veut servir par la mort le vœu[14] de sa misère.
« Arrêtez, lui dit-il, objet[15] rempli d'appas.
Puisque vous prononcez l'arrêt de mon trépas,
Je veux vous obéir. Mais apprenez, cruelle,
Que vous perdrez dedans ce jour
L'adorateur le plus fidèle
Qui jamais ait senti le pouvoir de l'amour. »

VII

Une âme se trouve attendrie
Par ces ardents soupirs et ces tendres discours.
On se fait un effort pour lui rendre la vie ;
De ce torrent de pleurs on fait cesser le cours,
Et d'un charmant objet la puissance suprême
Rappelle du trépas par un seul « Je vous aime ».

« Voilà comme il faut aimer », poursuivit cette savante
fille ; « et ce sont des règles dont en bonne galanterie l'on
ne peut jamais se dispenser ». Le père fut si épouvanté de
ces nouvelles maximes qu'il s'enfuit, en protestant qu'il

---

14   L'original porte *levez*, qui est impossible ; nous adoptons la leçon la plus
     probable qui ait été proposée mais qui n'éclaircit pas parfaitement le
     texte…
15   *L'objet* désigne la femme aimée.

était bien aisé d'aimer dans le temps qu'il faisait l'amour à sa femme, et que ces filles étaient folles avec leurs règles. Sitôt qu'il fut sorti, la suivante vint dire à ses maîtresses qu'un laquais demandait à leur parler. Si vous pouviez concevoir, Madame, combien ce mot de *laquais* est rude pour des oreilles précieuses, nos héroïnes vous feraient pitié. Elles firent un grand cri, et regardant cette petite créature avec mépris : « Malapprise », lui dirent-elles, « ne savez-vous pas que cet officier se nomme un *nécessaire* ? » La réprimande faite, le nécessaire entra, qui dit aux précieuses que le marquis de Mascarille son maître envoyait savoir s'il ne les incommoderait point de les venir voir. L'offre était trop agréable à nos dames pour la refuser ; aussi l'acceptèrent-elles de grand cœur. Et sur la permission qu'elles en donnèrent, le marquis entra dans un équipage si plaisant que j'ai cru ne vous pas déplaire en vous en faisant la description. Imaginez-vous donc, Madame, que sa perruque était si grande qu'elle balayait la place à chaque fois qu'il faisait la révérence, et son chapeau si petit[16] qu'il était aisé de juger que le marquis le portait bien plus souvent dans la main que sur la tête ; son rabat[17] se pouvait appeler un honnête peignoir[18], et ses canons semblaient n'être faits que pour servir de caches aux enfants qui jouent à cligne-musette[19]. Et en vérité, Madame, je ne crois pas que les tentes des jeunes Massagètes[20] soient plus spacieuses que ses

---

16　Probablement ironique, car le chapeau doit être trop grand pour qu'on puisse le mettre sur sa tête.

17　Le *rabat* est tout simplement un col.

18　« Linge qu'on met sur les épaules tandis qu'on est à la toilette, qu'on se peigne » (FUR.). Après la mode des collets, on a porté de ces sortes de linges qui s'étendaient jusqu'aux coudes.

19　Qui jouent à cache-cache.

20　Peuple adversaire de Cyrus, dont la reine est Thomiris, dans *Le Grand Cyrus* de Mlle de Scudéry.

honorables canons. Un brandon de galants[21] lui sortait de
sa poche, comme d'une corne d'abondance, et ses souliers
étaient si couverts de rubans qu'il ne m'est pas possible
de vous dire s'ils étaient de roussi[22], de vache d'Angleterre
ou de maroquin ; du moins sais-je bien qu'ils avaient un
demi-pied de haut, et que j'étais fort en peine de savoir
comment des talons si hauts et si délicats[23] pouvaient porter
le corps du marquis, ses rubans, ses canons et la poudre.
Jugez de l'importance du personnage sur cette figure, et
me dispensez, s'il vous plaît, de vous en dire davantage.
Aussi bien faut-il que je passe au plus plaisant endroit de la
pièce, et que je vous dise la conversation que nos précieux
et nos précieuses eurent ensemble.

DIALOGUE DE MASCARILLE,
DE PHILIMÈNE ET DE CLIMÈNE

CLIMÈNE
L'odeur de votre poudre est des plus agréables,
Et votre propreté des plus inimitables.

MASCARILLE
Ah ! je m'inscris en faux ; vous voulez me railler.
À peine ai-je eu le temps de pouvoir m'habiller.
Que dites-vous, pourtant, de cette garniture ?
    La trouvez-vous congruente à l'habit ?

---

21 Un faisceau, un paquet (*brandon*) de nœuds de rubans (*galants*) qui
    servaient surtout à orner les habits ou la tête des femmes.
22 *Roussi*, pour cuir de Russie.
23 Si fins.

CLIMÈNE

C'est Perdrigeon tout pur !

PHILIMÈNE

Que Monsieur a d'esprit !
L'esprit paraît même dans la parure.

MASCARILLE

Ma foi, sans vanité, je crois l'entendre un peu.
Mesdames, trouvez-vous ces canons du vulgaire[24] ?
Ils ont du moins un quart[25] de plus qu'à l'ordinaire.
Et si nous connaissons le beau couleur de feu,
Que dites-vous du mien ?

PHILIMÈNE

Tout ce qu'on en peut dire.

CLIMÈNE

Il est du dernier beau ; sans mentir, je l'admire.

MASCARILLE

Ahy, Ahy, Ahy, Ahy !

PHILIMÈNE

Hé ! bon Dieu ! qu'avez-vous ?
Vous trouvez-vous point mal ?

MASCARILLE

Non, mais je crains vos coups.
Frappez plus doucement, Mesdames, je vous prie.
Vos yeux n'entendent pas la moindre raillerie.

---

24 *Du vulgaire* : banals, communs.
25 Un quartier (le quart d'une aune).

Quoi ! sur mon pauvre cœur toutes deux à la fois !
Il n'en fallait point tant pour le mettre aux abois.
Ne l'assassinez plus, divines meurtrières.

CLIMÈNE

Ma chère, qu'il sait bien les galantes manières !

PHILIMÈNE

Ah ! c'est un Amilcar[26], ma chère, assurément.

MASCARILLE

Aimez-vous l'enjoué ?

PHILIMÈNE

Oui, mais terriblement.

MASCARILLE

Ma foi, j'en suis ravi, car c'est mon caractère.
On m'appelle Amilcar aussi pour l'ordinaire.
À propos d'Amilcar, voyez-vous quelque auteur ?

CLIMÈNE

Nous ne jouissons point encor de ce bonheur.
Mais on nous a promis les belles compagnies
        Des auteurs des *Poésies choisies*.

MASCARILLE

        Ah ! je vous en veux amener :
Je les ai tous les jours à ma table à dîner.
C'est moi seul qui vous puis donner leur connaissance.
Mais ils n'ont jamais fait de pièce d'importance.
J'aime pourtant assez le rondeau, le sonnet ;

---

26 Personnage enjoué et galant de *La Clélie*, où l'on reconnaissait le poète
    Sarasin.

J'y trouve de l'esprit, et lis un bon portrait
Avec quelque plaisir. Et vous, que vous en semble ?

CLIMÈNE

Lorsque vous le voudrez, nous en lirons ensemble.
Mais ce n'est pas mon goût ; et je m'y connais mal,
Ou vous aimeriez mieux lire un beau madrigal ?

MASCARILLE

Vous avez le goût fin. Nous nous mêlons d'en faire.
Je vous en veux dire un qui vous pourra bien plaire.
  Il est joli, sans vanité,
  Et dans le caractère tendre.
  Nous autres gens de qualité
  Nous savons tout sans rien apprendre.
Vous en allez juger ; écoutez seulement.

MADRIGAL DE MASCARILLE

Oh ! Oh ! Je n'y prenais pas garde :
Alors que sans songer à mal je vous regarde,
Votre œil en tapinois vient dérober mon cœur.
Ô voleur, ô voleur, ô voleur, ô voleur !

CLIMÈNE

Ma chère, il est poussé dans le dernier galant.
Il est du dernier fin, il est inimitable.
Dans le dernier touchant, je le trouve admirable.
Il m'emporte l'esprit[27].

MASCARILLE

Et ces *voleurs*, les trouvez-vous plaisants ?
Ce mot de *tapinois*...

---

27 Manque le dernier hémistiche de ce vers.

CLIMÈNE

Tout est juste, à mon sens.
Aux meilleurs madrigaux il peut faire la nique ;
Et ce *oh ! oh !* vaut mieux qu'un poème épique.

MASCARILLE

Puisque cet impromptu vous donne du plaisir,
J'en veux faire un pour vous tout à loisir.
Le madrigal me donne peu de peine,
Et mon génie est tel pour ces vers inégaux
Que j'ai traduit en madrigaux,
Dans un mois, l'histoire romaine.

Si les vers ne me coûtaient pas davantage à faire qu'au
marquis de Mascarille, je vous dirais dans ce genre d'écrire
tous les applaudissements que les précieuses donnèrent au
précieux. Mais, Madame, mon enthousiasme commence
à me quitter, et je suis d'avis de vous dire en prose qu'il
vint un certain vicomte remplir la ruelle[28] des précieuses,
qui se trouva le meilleur ami du marquis. Ils se firent
mille caresses, ils dansèrent ensemble, ils cajolèrent les
dames[29]. Mais enfin leurs divertissements furent inter-
rompus par l'arrivée des amants maltraités, qui malheureusement étaient les maîtres des précieux. Vous jugez
bien de la douleur que cet accident causa, et la honte
des précieuses lorsqu'elles se virent ainsi bernées. Suffit
que la farce finit de cette sorte[30], et que je finis aussi ma
longue lettre, en vous protestant que je suis avec tout le
respect imaginable,

---

28 L'espace entre le lit et le mur, la *ruelle*, s'élargissait en alcôve où les dames
    de qualité recevaient leurs invités.
29 Scènes 11 et 12. – *Cajoler*, c'est courtiser, chercher à séduire les dames.
30 Résumé liquidé des scènes 14-16.

Madame,

    Votre très humble et très obéissante servante,

DDDDDD.

INDEX NOMINUM[1]

---

1   Pour les noms de personnes, les critiques contemporains sont distingués par le bas-de-casse.

INDEX DES PIÈCES DE THÉÂTRE

TABLE DES MATIÈRES

LE DÉPIT AMOUREUX

LES PRÉCIEUSES RIDICULES

ANNEXES